나는 유튜버 이남형할머니 아들 안정필입니다

이남형 말하고
안정필 쓰다

여름의 문

아버지께 가장 먼저 이 책을 드립니다.

목차

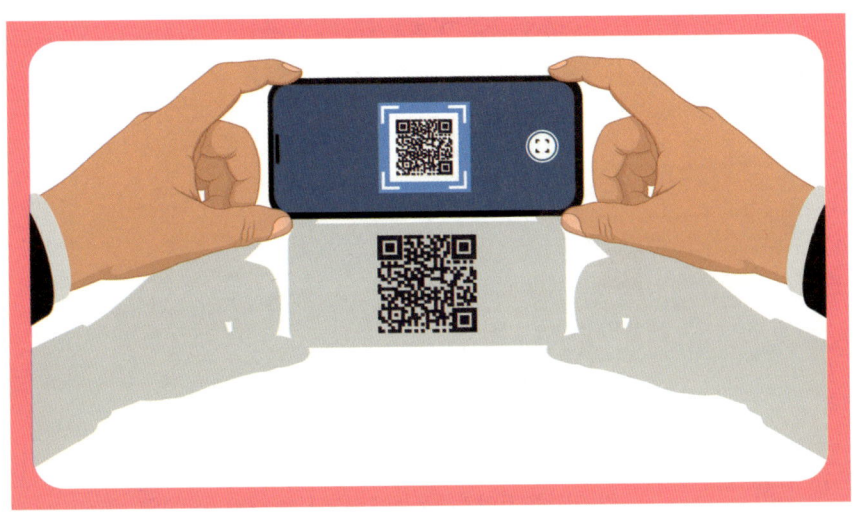

이 책의 곳곳에는 어머니와 제 영상이 수록되어 있습니다.
핸드폰 카메라를 열고 위 그림처럼 '큐알코드' 위에 스마트폰을 가져다 대보세요.
표시되는 영상 링크를 손으로 누르면 바로 영상을 시청하실 수 있습니다.
세상 참 좋아졌죠?
재미있게 봐주세요!

들어가는 글

1

두 갈래 길 앞에 선다. 어느 방향으로 나아갈지 고민한다.

돌이켜보면 나의 인생에는 **무수히 많은 두 갈래 길**이 있었다.

갓난아이 때도. 걸음마를 배우는 시절에도. 언제나 두 갈래 길이 펼쳐져 있었다. 책가방을 메고 등교하는 순간에도. 선생님이 숙제로 내주신 장래 희망을 말하던 순간에도.

무수히 많은 두 갈래 길이 눈처럼 쌓인다. 그중에서 어느 길을 선택할지는 두고두고 걱정거리다. 막연하고, 막막하고. 마치 그 앞으로 짙은 안개와 어둠이 둘러싸고 있는 것 같다. 불안감에 더 이상 앞으로 나아가지 못하는 때도 있다. 주저하다가 뒤돌아서게 되는 때도 있다.

그러나 그렇게 많은 두 갈래 길을 지나다 보면 어느새 어른이 되어있었다. 선택에 대한 후회보다 선택에 대한 책임이 더 강하게 들기 시작하면서부터였다.

2

"그때 내 선택이 옳았을까."

지나고 보면 꼭 이런 생각이 들기 마련이다. 정말 아무렇지 않다고 생각했는데, 잠들기 위해 자리에 누우면 아, 너무 아쉽고 미련이 남기도 하고 후회되기도 한다.

누구나 마찬가지일 것이다. 어쩔 수 없는 일이니까. 그런 감정들이 두터워질수록 값진 경험이 되는 것이니까. 이왕이면 감정의 웅덩이에 빠지지 않기 위하여 더 노력하게 된다. 그 노력이 지금의 나를 만들고 있는 것인지도 모르겠다.

나는 항상 '정직'하기 위해 노력했다. 무엇보다도 현재의 '나'가 정직해야 한다고 믿는다. 선택에 대한 확신이 서지 않고 두렵고 복잡한 마음뿐이라면, 그냥 가장 정직한 방향으로 앞만 보고 나아가면 된다.

'정직함'이 주는 힘을 나는 믿으니까.

결국 그것은 올바른 방향으로 나를 이끌게 될 것이다. 나는 그렇게 항상 다짐한다.

3

어려서부터 나는 거짓말을 싫어했다. **아마도 어머니의 성격을 닮은 것 같다.** 어머니는 해야 할 말을 가슴에 담아두고 마음의 병으로 키우지 않는다. 그 자리에서 직설적으로 말해야만 하는 성격이다.

해야 할 말을 하지 않고 있으면 언젠가는 탈이 날 수밖에 없다. 마음이든 몸이든 마찬가지다. 그리고 상황을 모면하기 위해 거짓말을 하게 될 수도 있다. 거짓말은 또 다른 병으로 되돌아온다.

어머니가 건강한 이유는 그래서인 것 같다. 나는 어렸을 때부터 어머니를 바라보며 살아서인지, 아니면 유전적으로 그러한 피를 물려받아서인지, 거짓 없이 솔직하고 직설적으로 말하는 것을 좋아했다. 거짓말을 하게 되면 오히려 내가 속임수에 걸려든 것처럼 스스로 배가 아플 정도였다. 지금까지 살아오면서 그런 성격은 사람들에게 종종 좋은 평가를 받곤 했다.

그래서일까. 어머니와 하는 방송에서도 나는 거짓말을 하지 않기 위해 노력했다. 시청자들에게는 항상 솔직한 모습을 보여 주고 싶었다.

어머니와 함께 먹방을 촬영하기 위해 국내와 해외로 여행 다니는 순간들이 나에게는 너무나도 소중한 시간이고 행복한 삶 그 자체였다. 내가 선택한 이 삶이 행복하기에 나는 굳이 거짓된 일을 할 필요가 없었다.

4

내가 유튜버의 길을 걷게 된 것은, 그리고 노년에 이른 어머니가 유튜버라는 인생 역전의 길에 들어설 수 있었던 것은, 어쩌면 우연하고 사소했던 나의 어떤 선택 덕분이다.

어느 날이었다. 돌아가신 아버지가 남기고 간 상자를 우연히 열어보게 되었다. 그 안에는 낡은 사진과 함께 깨끗하게 보관된 편지가 있었다. 아버지가 젊은 시절 항상 손에서 놓지 않으셨던 비디오카메라도 있었다. 비디오카메라라니. 지금 시대에 그것은 엄청난 골동품처럼 보였다. 비디오를 재생할 수 있는 기기를 찾는 것도 어려웠다. 어쩌면 세상에서 완전히 없어져 버렸는지도 모르겠다. 하지만 나는 어떤 집념 때문이었는지, 그 어려운 일을 해냈다. 오래된 우물에서 물 한 바구니를 건져 올리는 간절한 심정으로 비디오 재생에 성공한 것이었다.

  그렇게 복원된 비디오테이프 안에는 아버지와 어머니와 형과 내가 들어 있었다. 생일잔치 때 아버지의 모습, 운동회에서 학부모 달리기를 하시던 어머니의 모습, 옷 가게에서 손님들을 응대하는 어머니의 모습. 그리고 정확히 언제인지 가늠할 수 없는 여러 장면이 담겨 있었다.

  영상 안에서 전력 질주로 달리고 있는 어머니를 보며 생각했다.

  세월이 참 많이 흘렀구나,
    그렇지, 저 때는 저랬었지.
      나도 어렸고, 어머니도 젊었었지.

  아버지가 남긴 그 영상을 다시 세상에 꺼내 보고 싶다는 작은 소망이, 그 선택이 지금의 나를 만들었다고 할 수 있다.

5

  아버지가 하는 일은 예식장을 돌아다니며 결혼식을 촬영하는 것이었다. 일이 없을 때는 비디오카메라로 아내와 두 아들의 모습을 촬영했다. 생생하

게 기록된 그 시절 영상을 보면 우리 집이 상당히 부잣집 같아 보일 수도 있다. 당시에는 비디오 촬영을 할 수 있는 사람들이 거의 없었으니까. 사진으로 기록을 남기는 것조차도 흔하지 않던 시절이었으니까.

하지만 아버지는 그저 촬영하는 일을 좋아하셨던 것뿐이다. 그래서 손에서 항상 비디오카메라를 놓지 않으셨다.

그런데 정작 화면 안에는 아버지의 모습이 별로 없었다. 다른 사람들을 촬영해주느라 정작 당신은 그 안에 담기지 못한 것이다.

아버지의 기록이 보관된 비디오를 보고, 나도 불현듯 그것과 비슷한 영상을 만들어 보고 싶어졌다. 그리고 그 영상 안에 어머니와 나의 행복한 순간을 담아 기록하고 싶다는 생각을 가졌다.

아버지와 어머니의 젊은 시절과 아직 어린아이였던 나와 형의 모습이 담긴 옛날 비디오. 화질이 선명하지 않아서 오래 들여다보고 있으면 눈이 피로해지기도 하지만, 그때의 모습을 돌아보며 한없는 추억에 젖도록 만드는 비디오. 나도 아버지가 그랬던 것처럼 그 비디오 안에 어머니와 나의 행복한 장면들을 담아보고 싶었다.

그렇게 삶의 중요한 위치에 마주한 두 갈래 길 앞에서 나는 유튜버라는 길을 선택했다. 우연이기도 했고 필연이기도 했다. 자신이 없다가도 어느새 힘을 내게 되었다. 어렵다고 생각했던 날들도 있었지만, 재미있었고 신나게 달려 나갔다.

나를 이 길로 인도해준 그 비디오테이프 안에는 젊은 시절의 아버지가 있고, 행복하게 웃는 어머니가 있다. 그 장면들을 바라보며 나는 꿈을 꿀 수 있게 되었고, 앞으로 나아갈 수 있었다.

6

아버지는 과학자였다.

직업적인 과학자가 아닌, 스스로가 부여한 정체성으로, '과학자'였다.

그러나 아버지는 어쩌면 몽상가에 더 가깝기도 했다. 무언가 기발하고 발칙한 새로운 일을 아버지는 늘 꿈꾸곤 하셨다. 결과적으로 그것이 실패하더라도, 그 과정 자체를 소중하게 여기는 분이었다. 한없이 가정적인 남자였고, 어머니를 진심으로 사랑했고, 그래서 천사였던 아버지.

어느 날 아버지는 흑백 텔레비전 하나를 구매했다. 그리고 그것을 고치기 시작했다. 컬러텔레비전을 발명하기 위한 연구를 시작하신 것이다.

당시에는 아직 컬러텔레비전이 나오기 전이었고, 흑백 텔레비전도 결코 적은 값이 아니던 시절이었다. 그런데 아버지는 그 비싼 것을 분해해서 부품들을 하나하나 모두 풀어놓는 어마어마한 일을 벌이신 것이다. 그리고 새로운 부품들을 재료와 연결했다. 뭔가 공상과학 영화에서나 나올법한 장면이었지만, 멀쩡한 텔레비전이 분해되는 모습을 지켜보며 어린 내가 보기에도 약간 어이가 없었던 것 같다. 당연히 아버지의 그 연구는 성공하지 못했다.

그뿐만이 아니었다. 아버지의 연구는 의료분야까지 줄기를 뻗어나갔다. 당시에 아버지는 머리숱이 없어서 두피가 하얗게 들여다보일 정도였다. 그래서였는지 아버지는 탈모약을 개발하겠다며 새로운 연구에 집중했다. 관련 기사를 수집하고, 두꺼운 의료 관련 서적도 읽으셨다. 컬러텔레비전이 실패한 것처럼 탈모약도 실패할 수밖에 없었다. 왜 실패했는지는 지금에 와서 보면 중요한 문제가 아니다. 당시에 나는 늘 엉뚱한 연구에 몰입하는 아버지의 표정과 그 진지함을 꽤 근사하게 봤던 것 같다. 그래서였을까. 나도 언제나 호기심 많은 아이였고, 기발한 생각을 자주 해내는 아이였다. 그런 면에서 나는 아버지의 아들이 맞나보다.

지금 와서 생각해 보면, 아버지의 그 엉뚱한 연구는 마법처럼 나를 지금의 이 길로 인도하도록 만든 것 같다.

7

"이 시부랄놈의 시키야!"

너무 친근하고 익숙한 어머니의 이 욕은 유튜브에서 유행어가 되었다. 어머니의 나이에 비추어 보면 너무 과하지도 않고 꾸며지지 않은 말투라서 시청자들의 사랑을 받을 수 있었던 것 같다. 어머니의 목소리는 이웃집에 꼭 한 명쯤은 있을법한 푸근하고 친근한 인상을 주는 할머니의 목소리였다. (참고로 엄마는 할머니라는 말을 싫어하신다)

게다가 뭔가 개구쟁이처럼 보이고 부모 속 좀 썩였을 것 같은 모습의 아들과 티격태격하며 말을 주고받는 모습이 구독자들에게 재미를 주었던 것 같다. 어떤 욕은 사람의 기분을 상하게 하는 것이 아니라 유쾌하고 친밀하고 다정할 수도 있다는 것을 어머니가 보여 주는 것 같다.

물론 처음에는 유튜브의 '유' 자도 알지 못하시던 어머니였다. 그렇기에 카메라 앞에 서면 어색할 수밖에 없었다. 광장시장에 가서 김밥을 먹으며 첫 촬영을 시작했는데, 맛은 있었지만, 그 맛있는 감정을 방송 언어로 어떻게 표현해야 할지 몰라서 어머니도 나도 그저 어색하기만 했던 것 같다. 처음의 어색하고 당황했던 그 장면은 아직도 기억에서 생생하다.

이후로 어머니는 **백종원 대표님**, 서울시장님, 유명한 씨름 선수였던 **박광덕 장사님**, 정치인 허경영 등을 만나서 촬영하면서도 기가 눌리지 않을 정도로 촬영에 능숙해졌다. 심지어 조세호, 황제성, 문세윤, 강재준 등 유명 연예인들이 나오는 지상파 예능 프로그램에 출연해서도 어머니는 실수 하나 없이 잘하셨다.

"혹시 연기를 전공하셨나요?"

오히려 함께 출연한 연예인들이나 PD가 어머니에게 이렇게 물을 정도였다. 영상은 옆 페이지에서 ☞

어머니는 끝내 **골드버튼**을 손에 쥐었다. 골드버튼은 유튜브에서 백만 명의 구독자를 달성하게 되면 받을 수 있는 트로피 같은 것이다.

어머니는 어쩌면 처음부터 유튜브 체질이었는지도 모르겠다. 젊은 시절부터 옷 장사를 오래 하며 사람들 대하는 일에 도가 트신 어머니라서 입담이 거칠 것이 없었다. 방송을 생업으로 하는 연예인 출연자들에게 밀리지 않을 정도의 입담이었다.

아무리 그래도 어머니 나이에 백만 유튜버가 되었으니 인생 역전을 이룬 것이나 마찬가지였다.

마라 맛 상견례
보스의 여심을 사로잡아라!

MT ● 머니투데이   후원 | 보건복지부   과학기

 산업통상자원부  서울특별시 국민건강보험 대한노인회 정보화사업단(위)

8

어머니의 주장에 따르면, 어머니는 '어려서부터 몸매가 좋고 착해서' 어른들에게 매우 이쁨을 받았다고 한다. 젊은 시절에도 인기가 많았는데, '돈이 없어서' 아버지에게 시집을 온 것이라고 한다. 그 당시에 여성은 가정을 꾸리게 되면 남편의 보살핌을 받으며 주로 육아와 살림만 하던 시절이었다. 그래서 시집을 간다는 것은 어쩌면 가정에 충실한 삶으로 자신을 변화시키는 것이 되었을 수도 있을 것 같다.

남편이 벌어다 주는 돈으로 살림하고, 자식을 낳아 키우는 것은 그 시절 많은 여성의 일반적인 삶이었다. 그런데 어머니의 삶은 달랐다. **살림과 육아와 더불어 장사까지 하셔야 했다.** 아버지가 평생을 돈과 인연 없이 사셨기 때문이었다.

그래도 평생을 한결같이 자신만을 사랑해주는 아버지가 있어서 어머니는 행복했다. 아버지는 어머니만을 바라보는 **진정한 사랑꾼**이었다. 하루에도 여러 번 사랑한다고 귓속에 속삭이는 남편이었다. 돈을 잘 벌지 못해도 건강하게 평생 어머니와 함께하기만을 바라던 남편이었다.

아버지는 내가 중학생 때 일찍 돌아가셨다.

아버지가 돌아가신 후, 어머니는 혼자서 두 아들을 키워 내셨다. 절대로 쉽지 않은 일이라고 생각한다. 그래서 어머니는 지금 아들의 사랑을 받을 충분한 자격이 있다.

부족하기만 한 아들을 믿고 따라와 주신 어머니는 십만, 백만의 구독자가 생기는 동안 정말 많은 고생을 견디셨다.

나도 어머니에게 사랑한다는 말을 잘하지 못하는 아들이지만, 매일 밤 아버지가 어머니에게 속삭이던 그 말을 이제 용기 내어 아들인 내가 하려고 한다.

"엄마 사랑해요."

어머니와 나를 아껴 주시는 구독자분들과, 이 책을 통해 이제 처음 우리 모자를 알아가기 시작한 독자분들도 오늘은 부모님에게 '사랑합니다'라는 말을 꼭 들려주었으면 좋겠다. 말 한마디가 정말로 사랑을 만들고 전염시킬 수 있다.

9

이번 책을 쓰면서, 이 책을 과연 누가 읽을까 무척 궁금했다. 한 번도 글을

써본 적이 없어서 다소 어색하고 어설프기도 한 작업이었지만, 그래도 책 작업을 하면서 어머니와 더 많은 이야기를 주고받을 수 있어서 좋은 경험이었다. 책을 쓰기 시작하면서 어떤 좋은 기운이 들어왔는지 모르겠지만, 여러 가지 새로운 일들이 찾아와 주기도 했다.

그래서 이 책을 읽을 여러분들에게 진심으로 고마웠다. 백만 유튜버의 길을 걷게 된 나의 발자취를, 그리고 어머니의 살아온 이야기를 이 한 권의 책에 담을 수 있어서, 그리고 무엇보다도 여러분들에게 이 이야기를 전해줄 수 있어서 다행이었다.

책이 나오기까지 여러 우여곡절이 있었다. 오래 기다려주신 모든 분께 감사드린다.

사랑과 슬픔과 행복에 대한, 이 사소한 기록을 읽어 주셔서 감사드리며, **부담 없이 가볍게 웃고 공감하며** 한 장 한 장, 즐거운 마음으로 페이지를 넘기시기를 당부드린다.

그럼, 이제 다 같이 고고씽!

흑백텔레비젼

어머니는 세 살 때 육이오 전쟁으로 인해 피난을 떠나셨다고 한다. 세 살 아이가 감당하고 버티기에는 절대로 쉽지 않은 전쟁이었다. 어느 날 어머니는 숨을 쉬지 않았고, 외할머니는 품에 안고 있던 어머니를 무덤 같은 전쟁터의 한 귀퉁이에 내려놓으셨다고 한다. 그런데 얼마 후 함께 피난을 떠났던 이웃이 다시 숨 쉬는 어머니를 발견했다고 한다. 기적처럼 살아나신 것이다. 어머니에게 그 이웃의 모습은 기억나지 않지만, 그에게서 받은 마른오징어 한 마리를 한참 동안 씹었던 기억은 평생 남아있었다.

어머니가 그때 돌아가셨다면 나도, 우리 형도, 우리 가족도 존재하지 않았을 것이며, 지금처럼 많은 사람에게 웃음과 위로를 주는 '이남형 할머니' 유튜브 채널도 세상에 없었을 것이다.

어머니는 어려서부터 몸매가 예쁘고, 착하고, 음식도 잘해서 효녀 소리를 들었다고 한다. 몸매가 예쁜 것이 효녀와 어떻게 연결되는지 의아했지만, 어쨌든. 어머니는 그렇게 당신의 어린 시절을 기억하고 있었다. 그런데 생각해 보면 그때, 몸매가 예쁘고 착하고 음식도 잘했던 효녀 시절 어머니의 모습과 표정이 어땠을지 가늠되기도 한다.

외할아버지. 그러니까, 어머니의 아버지는 다섯 살 때 해수병으로 돌아 가셨다.

해수병이란, '기침을 많이 하는 병'이라는 의미의 불교 용어다. 지금으로 말하자면 천식이라고 할 수 있다. 어머니의 기억으로는 노점에 앉아서 어묵 을 사 먹고 있었다고 한다.

어머니의 어머니, 그러니까 나에게는 외할머니 되시는 분이 겨우 다섯 살 인 어머니를 노점에 혼자 두고 어딘가를 가시더니, 한참이 지난 후에 돌아오 셔서는 말씀하셨다고 한다.
"아버지가 저 멀리 가셨어."

다섯 살 아이가 생각하기에 '저 멀리'는 현실적인 의미의 '멀리'였을 것이 다. 정말로 어딘가로 멀리 가셨을 것이라 짐작하셨을 것이다. 그런데 왜 돌아오지 않을까, 손가락으로 수많은 내일을 세어 보며 아마도 어머니는 매일 밤 울지 않으셨을까. 겨우 다섯 살이었는데도 어머니는 그때의 일을 생생하게 기억한다.

외할머니는 이후로 홀로 4남매를 키우셨다고 한다. 청춘과부라 고생을 참 많이 하셨다고 한다.

이제는 외할머니도 돌아가시고, 어머니의 4남매 형제들도 모두 돌아가셨다. 이제 어머니 홀로 남으셨다.

더 오래오래 나랑 같이 살아요, 엄마!

어머니의 언니는 만리동에 있는 연양갱 공장을 다녔다.

어린 시절의 어머니가 심심해하니까 언니는 자신이 일하는 공장에 자주 어머니를 데리고 다니셨다. 공장에는 연양갱이 참 많았다. 연양갱 공장이니 당연했다. 얼마 전 한 아이돌 가수가 부른 노래 '밤양갱'이 유행해서 양갱은 이제 젊은 사람들에게도 익숙하다. 팥을 삶아 체에 거르고 설탕, 밀가루, 한천 등을 섞어 틀에 넣고 쪄서 만든 음식이다. 먹을 것이 귀했던 시절 양갱은 초콜릿처럼 달콤한 간식이었을 것이다. 눈앞에 수북이 쌓인 연양갱을 본 어린 시절의 어머니는 자신도 모르게 허겁지겁 그것을 먹었다고 한다.

어머니의 기억으로, 그 순간의 연양갱은 정말 천국의 맛이었다. 100개가 있어도 다 먹을 수 있을 것 같았다고 한다.

공장에서 막 생산된 양갱이었는데, 먹어도 되는지 생각해 볼 겨를도 없었다. 산기슭을 떠돌아다니던 오래 굶주린 늑대처럼 어머니는 빠른 속도로 양갱을 해치워나갔다. 너무 맛있었고 행복했다. 그런데 어떤 아저씨가 오더니 연양갱을 들고 있는 어머니의 손을 낚아챘다.

"너는 누구니?"
키는 크지 않고 얼굴이 통통해서 착해 보이는 아저씨였다.

"우리 언니 찾으러 왔어요."
약간 불쌍한 듯 순진한 듯 어머니는 대답했다.

그 아저씨는 잠시 말을 잃고 있다가 자신의 사무실로 어머니를 데리고 갔다고 한다.

그 아저씨는 알고 보니 연양갱 공장의 사장님이었다. 친절하게도 사무실에서 밥까지 시켜주셨다. 밥도 먹고 연양갱도 참 많이 먹고 나왔다.

나이가 어리니 눈치 같은 것도 알지 못하고 그냥 배부르게 먹어서 좋았던 것 같다고 어머니는 그때를 회상한다. 그때 어머니가 연양갱을 너무 많이 먹은 탓이었을까. 언니는 얼마 지나지 않아 회사를 그만두었다고 한다.

마포에 살 때 어머니의 큰오빠는 댄스선생님이었다.

그때는 사교댄스라는 춤이 대유행하던 시절이었다. 집에서 사람들을 불러 모아 놓고 댄스를 가르쳤다. 그때 배우러 온 사람들이 어머니에게 과자를 많이 사주었다고 한다. 오리온 과자와 미제 쿠키가 많았다. 과일을 사다 주는 날도 있었고, 어쩌다 아무것도 사 오지 않은 날에는 용돈을 주기도 했다.

어머니가 열 살 때였고, 큰오빠는 열여덟 살 때였다고 한다. 잠을 자다 눈을 뜨면 흰 커튼 안으로 실루엣이 파도처럼 넘실거렸다. 부스스한 눈을 비비며 어머니가 커튼을 열면, 그 안에는 항상 열심히 춤을 추는 큰오빠가 있었다.

큰오빠는 서른이 조금 넘었을 때 하늘나라로 가셨다. 오래되어 얼굴이 잘 기억나지 않는다고 어머니는 말한다. 그러나 열정적으로 춤추던 큰오빠의 그 모습만은 여전히 또렷하게 기억 속에 남아있다고 하신다.

　당시에는 중국집이 별로 없었다. 세상에서 가장 맛있는 음식이 자장면이
던 시절이었다. 어머니는 학교에서 부반장을 하셨는데, 그때 자장면과 관련
된 추억이 있다.

　전화가 없었는지, 선생님들은 부반장인 어머니에게 집에 가는 길에 자장
면을 주문하라고 자주 시켰다고 한다. 그러면 어머니는 집에 가는 길에 잠
깐 중국집에 들러서 자장면을 주문하곤 하셨다. 별로 어려운 일은 아니었다.

　"자장면 다섯 개를 교무실로 가져다주세요."

　그런데 어느 날 어머니는 집으로 가지 않고 다시 교무실로 돌아갔다. 그
리고 몰래 숨어서 선생님들이 자장면을 모두 먹을 때까지 기다렸다. 자장면

의 남은 양념이라도 먹기 위해서였다고 한다. 얼마 후 예상대로 선생님들은 먹고 남은 자장면 그릇을 교무실 밖에 내다 놓으셨다. 어머니는 내다 놓은 자장면 그릇을 가져다가 양념까지 싹싹 긁어 먹고는 다시 빈 그릇을 감쪽같이 원래 있던 곳으로 가져다 두었다. 그 맛은 지금도 잊히지 않을 만큼 너무 너무 맛있었다.

어머니는 집이 가난했기에 고등학교에 가지 못했다. 여자가 무슨 공부를 하느냐고 너무나도 당연하게 말하던 시절이었다. 당시 여자들이 교육받지 못했던 것은, 경제적으로 어려운 사정 탓이 컸을 것이다. 어머니도 다른 많은 사람처럼 그러한 어려운 사정을 이해하고 수긍했지만, 그래도 아쉬운 마음은 어쩔 수 없었을 것이다. 그 마음을 헤아려 주었던 언니가 어느 날 이렇게 말했다고 한다.

"나는 못 배우겠지만, 너라도 배워야 해. 이제는 여자도 배워야만 살아갈 수 있는 시대가 곧 올 거야."

어머니가 열여덟 살 정도 되었을 때였다고 한다. 언니가 어머니를 서울 수도학원에 입학시켜 주었다.

그러나 수도학원을 오래 다니지는 못했다. 당시 영어를 가르치던 선생님이 어머니를 향해 노골적으로 구애를 했기 때문이었다. 그는 마흔이 넘은 나이였다. 당시로서는 상당히 많은 나이였을뿐더러, 고작 스물두 살이었던 어머니와 절대로 어울리지 않는 사람이었다. 그런데도 그는 결혼을 전제로 어머니를 만나고 싶다고 하루도 빠짐없이 말했다고 한다. 공부할 수 있는 너무 좋은 기회였는데, 그의 집요한 구애가 어머니를 힘들게 했고 결국 학원을 그만둘 수밖에 없었다. 지금 시대에는 조금만 선을 넘어도 스토킹으로 처벌을 받을 수 있지만, 당시에는 그런 개념조차 없었으니 어머니에게는 상당히 힘든 시간이었을 것이다.

수도학원을 떠나던 그 마지막 날의 하늘을 어머니는 아직도 기억하고 있다. 쪽빛 하늘은 야속하게도 너무 푸르렀다.

어머니는 이십 대 초반까지 아무 일도 하지 않았다고 한다. 그러다 스물네 살 때 스카라극장 여성복 가게에서 정장 판매 직원으로 일하게 되었다.

스카라극장은 중구 퇴계로에 있던 극장이다. 1935년부터 2005년까지 70여 년 동안 충무로 영화판에서 유서 깊게 운영되던 극장이었기에 갑작스럽게 철거되었을 때 많은 사람이 아쉬워하기도 했다. 당시 '핫플레이스'였던 그 스카라극장에서 어머니는 여성복 가게 점원으로 오래 일한 것이다. 그때 어머니는 손님들에게 인기가 좋았고, 특히 장사를 너무 잘했다. 그래서 얼마 지나지 않아서 남성복 가게 점원으로 영입되었다고 한다.

어머니가 손님들에게 인기가 많은 이유는 무엇보다도 얼굴이 예뻤기 때문이었다. 하루에도 몇 번씩 남자들이 추파를 던질 정도였다. 당시에는 현금으로 장사하던 시절이었는데, 일부러 십만 원을 건네면서 "거스름돈 대신 저기 다방에 가서 차 한 잔만 마셔요." 하는 짓궂은 손님들이 많았다. 그 시절 남자들이 데이트를 신청하는 방식은 그러했다고 한다. 어쨌든 그런 손님들 덕분에 가게 매출은 많이 오를 수 있었다.

어떤 손님은 어머니에게 마흔 번이나 찾아왔다. 어머니의 얼굴을 보기 위해 일부러 매장에 들어와서는 한참을 머뭇거리다가 정직하게도 넥타이 하나라도 꼭 사 갔다고 한다. 젊은 시절의 어머니는 아름다웠고, 그들에게도 그 시절은 청춘의 가장 아름다운 기억으로 남아있으리라.

어느 날이었다. 집에 낯선 사람들이 찾아왔다. 먼 친척이었다는데, 어머니는 그때까지 살면서 처음 보는 얼굴이었다. 낯선데 일부러 친근한 척 다가오는 사람들이 어머니는 내심 불편했다고 한다.

당시에 어머니의 집안이 공동으로 소유했던 산이 하나 있었다. 수원의 어느 작은 마을쯤이었다고 한다. 나름 산에는 이름도 있었는데, 너무 오래되어 지금에 와서는 기억나지 않는다. 그 산을 노리고 온 '먼 친척'들은 온갖 감언이설로 나이 어렸던 오빠들을 꾀었고, 푼돈을 손에 쥐여주며 서류에 도장을 찍도록 만들었다. 지금의 가치로 환산하면 겨우 50만 원 정도밖에 되지 않는 돈이었다고 한다. 산 하나에 50만 원이라니.

오빠들은 당시에 나이가 어렸으니 속수무책으로 당할 수밖에 없었다. 이후에 그 산에 큰 학교가 들어섰고 순식간에 땅의 가치가 치솟았다. 나중에 알고 보니 겨우 50만 원에 '먼 친척들'에게 그 산을 팔아넘긴 것이었다. 아니, 빼앗긴 것이었다.

뒤늦게 속았다는 사실을 알아차리고, 어머니의 오빠들은 너무 억울해했다고 한다. 찾아가서 항의하다가 격분한 끝에 '먼 친척들'의 집에서 집기를 부수는 일이 생겼고, 구치소에 수감 되고 말았다. 다행히 큰일은 면한 오빠들은 다시 집으로 돌아올 수 있었지만, 억울한 마음은 한동안 가시지 않았다.

어머니와 언니에게 그 '먼 친척들'은 말했다고 한다.

"나중에 결혼해서 애를 낳으면, 학교는 무료로 다니게 해줄게요."

삶을 다 살아가는 지금, 80을 바라보는 어머니에게 가장 억울했던 일을 떠올려보라고 하면, 이 일이 가장 먼저 떠오른다고 한다. 이제는 산 이름도 학교 이름도 기억에서 흐릿해진 아주 오래된 이야기지만.

만약 어머니의 가족이 그 땅을 지키고 부자가 되었더라면, 어머니는 아버지를 만나게 되었을까? 어머니가 사랑하는 큰아들과 작은아들을 품에 안을 수 있었을까? 인생에서 '만약'이라고 하는 것이 무슨 소용이 있을까 싶지만, 그 억울한 일을 겪지 않고 만약 다른 인생을 살았다면 어쩌면 지금의 행복을 누리지 못할 수도 있었을 것이다. 그렇게 생각하면 또 억울한 감정은 금세 누그러지기도 한다.

　어머니는 지금도 결혼식 날을 잊지 못하신다. 그날은 역사적인 사건과 함께 시작된 날이었다. 결혼식 전날, 대통령이 총에 맞는 일이 일어났다. 하지만 어머니는 그 소식을 미처 몰랐다. 결혼식 준비와 신혼여행에 대한 기대감에 마음이 바빴고, 정치적인 사건은 어머니에게는 그저 멀게만 느껴졌던 시절이었다.

　그런데 아침 분위기가 심상치 않았고, 결국 나라에 큰일이 있다는 사실을 알게 되었다.

　"이런 날, 결혼식을 해도 되는 걸까?"
　"신혼여행은 어떻게 가야 하나?"

어머니는 당시에 여러 복잡한 감정을 가졌다. 두려웠다. 그러나 새로운 삶에 대한 벅찬 감정이 더 앞섰던 것 같기도 하다. 집을 나서며 어머니가 바라본 하늘은 푸르렀고, 부드러운 구름과 그 사이로 내리쬐는 햇살이 유독 따뜻했다. 불안했지만 결혼식은 예정대로 진행되었다.

비록 큰 사건이 일어났지만, 그날 결혼식장의 분위기는 의외로 평화로웠다. 사람들의 웃음소리, 시어머니의 눈물, 아버지 친구들의 축하와 환호는 어머니의 마음속에 오래도록 남아있다.

결혼식을 마친 두 분은 그대로 설악산으로 신혼여행을 떠났다. 그래도 어머니와 아버지에게는 잊지 못할 축제 같은 날이었다.

어머니는 서른둘에 시집을 갔다. 어머니의 말을 빌리자면, 어머니가 시집을 간 이유는 '돈이 없어서'였다.

누구든 젊은 시절을 회상하며 농담 삼아서 "시집이나 장가를 가지 않았으면 인생이 행복했을 것"이라고 말하지만, 그래도 어머니는 평생 자신만을 바라본 아버지를 만났으니 그래도 다행이지 않았을까.

어머니는 아버지를 중매로 만났다. 어머니가 친정집에 살 때였는데, 이웃에 평소 친하게 지내던 할머니가 사셨다.

"남형이가 빨리 시집 가야지. 이 늙은이는 얼른 그 모습을 봐야 편히 눈을 감을 수 있을 것 같아."

그 할머니는 그렇게 말했다고 한다. '이웃사촌'이라는 말이 있는 것처럼, 그 시절에는 이웃에 사는 것만으로도 딸 같고 가족 같았을 것이다. 더욱이 어여쁜 나이가 다 가도록 아직 결혼하지 않고 있던 어머니를 그 이웃집 할머니는 걱정스럽게 보셨던 것 같다. 그 할머니는 정성을 다해 열심히 어머니의 남편감을 물색했다. 고르고 고른 끝에 아버지가 최종으로 선택이 되었다.

그렇게 만난 아버지의 첫인상이 어머니는 별로 좋지 않았다고 한다. 이목구비가 뚜렷한 외모였지만, 어딘가 모르게 자유분방한 이미지여서 신뢰가 가지 않았다고 한다.

하지만 아버지는 첫 만남에서부터 어머니에게 첫눈에 반했다. 그리고 어머니를 매우 매우 사랑하게 되었다. 어머니는 노년이 된 지금에도 동그란 눈과 예쁜 미소를 지닌 미인의 얼굴이시니, 아버지가 충분히 반하고도 남았을 것이다.

아버지는 하루도 빠짐없이 연락하고, 편지도 보내왔다. 그렇게 자신을 좋아해 주는 아버지를 계속 만나다 보니, 어머니도 점차 생각이 달라졌다.

어머니는 생각했다.

"이렇게 나를 사랑해주는 사람이면 결혼해도 되겠다."

결국 아버지와 어머니는 평생을 함께하게 되었다. 시어머니는 어머니에게 참 잘해주었다. 시어머니는 딸이 없고 아들만 있어서, 어머니를 마치 친딸처럼 생각해주셨다고 한다.

　아버지는 처음 만나는 어머니에게 자신을 '약 짓는 사람'이라고 소개했다. 그래서 어머니는 결혼 전까지 아버지를 약사로 알았다. 아버지의 말이 어찌 보면 틀린 거짓은 아니었다. 아버지의 형은 한의원을 운영했고, 아버지는 당시에 형의 한의원에서 '약 짓는 일'을 하고 있었다.

　결혼하고 보니 아버지는 약사도 아니었고, 오히려 백수에 더 가까웠다. 그래서 어머니는 이 결혼을 사기 결혼이라고 생각할 수밖에 없었다. 게다가 아버지의 그 '약 짓는 일'도 몇 주 동안 일을 나가다가 더는 다니지 않았다고 한다.

　한 번은 아주버님. 그러니까, 아버지의 형이 어머니를 불렀다. 아버지에 대한 걱정을 이야기하다가 돈을 보태줄 테니 조그만 슈퍼라도 내보라고 했다. 아버지에게 일을 시키며 살림을 이어가라는 의미였다. 하지만 아버지는 죽어도 하지 못하겠다고 떼를 썼다고 한다. 주변에서 자신을 답답하게 보아도, 나름의 꿈이 있으셨던 모양이다. 아버지는.

그러던 어느 날. 아버지는 뜬금없이 어머니에게 비디오카메라 하나를 사달라고 했다. 당시에는 비디오카메라가 무척 비쌌다. 핸드폰도 없던 시절이었고, 동네에 자동차를 모는 사람들도 흔치 않던 시절이었다. 비디오카메라는 일반인이 살 수 있는 정도의 물건이 아니었다. 비싼 것뿐만이 아니었다. 가격만큼이나 그 크기 또한 어마어마하게 컸다. 배터리만 해도 커다란 배낭 하나를 꽉 채울 정도의 크기였다.

이런 카메라를 어머니가 사주기에는 부담이 될 수밖에 없었다. 결국, 고민 끝에 어머니는 비디오카메라를 사주었다. 아주버님이 슈퍼를 내주겠다고 했던 그 돈으로였다.

그렇게 가지게 된 비디오카메라를 들고 아버지는 결혼식장을 찾아 다니며 촬영 일을 시작하셨다.

그 후로 일이 없는 날이면 아버지는 어머니와 형과 나의 모습을 자주 촬영했다. 항상 손에서 카메라를 놓지 않는 아버지는 흡사 방송기자 같아 보였다.

어쩌면 영화감독처럼 보이기도 했다. 뭔가 전문적이면서도 근사해 보였다. 방송기자가 된 아버지는 매일 같이 옷 가게 앞에 서 있는 젊은 어머니를 취재했다. 영화감독이 된 아버지는 아름다운 어머니를 주연으로 삼아 영화를 촬영했다. 형과 나도 주연이었다. 아마도 아버지와 어머니에게는 가장 행복했던 나날들이었을 것이다.

아버지의 피를 이어받은 나는 이제 디지털카메라를 들고 노년이 된 어머니의 모습을 담고 있다.

어쩌면 아버지 덕분에 어머니와 내가 유튜버로 성공할 수 있지 않았을까.

　장사를 시작한 지 얼마 되지 않았을 무렵, 어머니는 첫째 아이를 가지셨다. 그 소식을 들은 아버지는 세상을 다 얻은 듯 기뻐하셨다.

　차가운 칼바람이 불던 어느 겨울날이었다. 만삭의 어머니는 유독 토마토가 먹고 싶으셨다고 한다.

　지금은 마트에 가면 쉽게 구할 수 있는 토마토. 심지어 동네 편의점에서도 토마토를 팔기도 한다. 그러나 당시에는 한겨울에 토마토를 구한다는 것은 상상할 수조차 없는 일이었다. 마트도 없었고 편의점도 없었고 제철이 아닌 과일이나 채소는 시장에도 나오지 않았다. 토마토를 구한다는 것은 말 그대로 하늘에서 별을 따는 것과 같은 일이었다.

　아버지는 북아현동 시장을 여러 번 도셨다. 이리저리 다니지 않은 곳이 없었지만, 토마토는 아무 곳에도 팔지 않았다. 같은 곳을 빙빙 도는 것은 의미가 없었다. 어차피 구할 수 없었던 것인데 마음이 초조하니 그냥 같은 곳을 여러 번 다시 찾게 되었다. 그러다 발길을 돌려 농수산물 시장으로 향했다. 물론, 그곳에서도 허탕을 칠 수밖에 없었다.

그렇게 집을 나선 지 여섯 시간이 지난 후, 드디어 아버지는 돌아오셨다. 아버지의 손에는 어디서 구하셨는지, 토마토 한 봉지가 들려 있었다. 어머니는 아버지의 얼음처럼 차가워진 아버지의 손을 잡으며 잠시 눈물이 핑 돌았다. 그리고 그 맛있는 토마토를 크게 썰어 입에 넣으셨다. 어떻게 토마토를 구해왔는지 신랑에게 끝내 물어보지는 못했다. 물어볼까도 생각했지만, 그저 그 순간의 따뜻했던 마음과 분위기가 좋았고 행복해서 아무 말도 하지 않았다.

　마침내 첫째 아이가 세상에 태어났다. 그러나 형은 태어나자마자 건강이 좋지 않아 인큐베이터에 들어갔다고 한다.

　아버지는 산후조리 중인 어머니를 대신해 매일 병원으로 향했다. 형이 무사히 이겨내고 인큐베이터에서 나오기를 바랐다. 아버지는 병원에 갈 때마다 어머니에게 몇만 원씩 병원비를 타가셨다고 한다. 그 당시로는 적은 돈이 아니었다.

　산후조리를 마치고 어머니는 다시 옷 가게에 나가셨다. 하지만 아직도 병원에 있는 형이 걱정될 수밖에 없었다. 그래서 병원에 가보겠다는 어머니에게 아버지가 말했다.

　"이제 괜찮아지고 있어."

　옷 장사를 그만둘 수도 없는 일이었다. 아이를 세상에 내어놓고 잠시 안아

봤던 것이 전부였지만, 마음 한쪽으로는 무척 걱정스러웠지만, 다시 품에 안을 날을 생각하며 눈물을 머금고 옷 가게의 문을 여셨다.

그렇게 한 달쯤이 지났을 무렵, 아버지는 술에 취한 채 집으로 돌아오셨다. 그리고 손에는 그동안 매일 병원에 가지고 갔던 그 돈이 고스란히 들려 있었다.

사실, 첫째 형은 태어난 지 이틀 만에 세상을 떠났다고 했다. 아버지는 그 말을 차마 할 수 없어서 매일 병원에 가는 것처럼 집을 나서셨다고 했다. 손위 쥔 돈을 보며 눈물을 흘리셨다. 돈은 쓰지 않고 그대로 주머니에 넣어두셨다. 공원에 앉아 넋 나간 사람처럼 하늘을 보기도 하고, 병원 주차장과 로비를 서성거리며 시간을 보내셨다. 어머니에게 어떻게 말해야 하나. 아버지는 일찍 하늘나라로 간 아이 생각에 슬펐고, 상처받을 어머니를 생각하며 또 속이 상하고 걱정스러웠다. 말하지 않고 하루 이틀을 보내다 보니, 더 말할 수 없는 하루 이틀이 계속 생겨났다. 아버지에게는 아마도 세상에서 가장 괴로운 나날들이셨을 것이다.

결국 아버지는 어머니 앞에 무릎 꿇고 세상이 무너진 것처럼 울부짖으셨다.
"미안하다… 정말 미안하다… 차마 말할 수가 없었다…"
어머니 몰래 오래 가슴 썩였을 아버지가 가여워 어머니는 그저 말없이 눈물만을 흘리셨다.

부모님은 원래 아이를 둘만 낳기로 했었다고 한다. 지금 내 위로 형이 한 명 있으니까 그래서 가끔은 이런 생각도 든다.

"그 첫째 형이 살아 있었다면, 나는 세상에 태어나지 않았을지도 몰라."

일찍 떠나버린 첫째 형을 대신해서 나는 살고 있다. 그래서 얼굴도 모르는 첫째 형 몫까지 최선을 다해서 살아야겠다는 다짐을 하곤 한다.

어머니는 결혼을 늦게 하신 편이다. 대부분 이십 대 초반에 결혼하던 시절이었다. 집이 너무 가난해서, 어머니는 조금 더 돈을 벌어야만 했다.

결혼 전에 스카라극장 남성복 가게에서 일했던 어머니는 결혼 후에 북아현동에서 옷 가게를 운영하셨다. 그곳에서 30년 동안이나 장사를 했다. 스카라극장 남성복 가게에서 일을 배운 경험이 많은 도움이 되었다고 한다.

어머니의 옷 가게는 아주버님에게서 받은 집 1층에서 운영했고, 월세를 내지 않아도 되었기 때문에 장사에 부담이 없었다고 한다. 1층은 가게였고, 2층에 집이 있었다.

무엇보다 단골이 많았다. 손님들과 친해져서 밥도 먹기도 하고 술을 함께 마시기도 했다. 어머니는 젊었을 때부터 셀럽의 자질이 넘쳐났기 때문에 단골손님이 넘쳐났고, 고객관리 차원에서 그들과 빠르게 친해졌다.

어머니가 판매하는 옷은 대부분 동대문 평화시장에서 도매로 떼오는 것이었다. 평화시장은 청계천을 따라 밀집한 의류 도매 시장으로, 국내에서 판매되는 모든 옷이 그곳에서 유통되었다. 이름에 '평화'가 들어가는 이유는, 시장 상인들 대부분이 실향민이었기 때문이라고 한다. 어쨌든 우리나라의 역사와 함께해온 이 동대문 평화시장에 갈 때마다 어머니는 나를 꼭 데리고 다니셨다.

"천 원만 깎아주세요. 우리 정필이 과자 좀 사주게요."

어머니는 상인들 앞에서 내 손을 꼭 붙잡고 그렇게 흥정하셨다. 그러면 대부분 인심 좋게 가격을 깎아주었다고 한다. 어렸을 때라서 기억은 잘 나지 않지만 나는 어머니 옆에서 눈을 똘망똘망하게 뜨고 있었고, 상인들은 그런 아이 앞에서 매정하게 물리칠 수 없었을 것이다. 하지만 나는 한 번도 과자를 먹지도, 구경해보지도 못했다. 그랬다.

어머니는 나에게 항상 말한다.

"장사할 때는 말이지. 교환하러 오는 손님에게 더 친절해야 해."

교환하러 오는 김에 옷 하나를 더 구매할 수도 있어서라고 한다. 물론, 당장 사지 않더라도 다음에 다시 오면 단골손님이 될 가능성이 높다고 한다.

그러나 예나 지금이나 진상 손님은 항상 있었다. 팬티를 구매하고 가서는 며칠이 지나서 다시 교환해달라고 찾아오는 사람이었다. 냄새를 맡아보면 새 옷 특유의 냄새가 나는 것이 아니라, 세탁해온 흔적이 너무 적나라하게 보였다.

"이거 비누 냄새가 너무 심하게 나잖아요!"

어머니가 이렇게 따져 물으면, 손님들은 두 손을 휘저으며 절대 아니라고 한다. 사 가서 입지 않고 바로 왔다고. 물론, 뻔한 거짓말이었다. 베테랑 사장님인 어머니를 속여먹을 수는 없었다. 그런데도 어머니는 속아주는 방식을 택했다고 한다. 조금의 실랑이 끝에 어머니는 그냥 교환해주고 더 이상 그 일에 대해서 신경 쓰지 않았다.

"사장이 불친절하면 장사를 못하지. 파는 것도 중요하지만, 바꿔주는 것을 더 잘해줘야 해. 그러면 항상 단골이 넘쳐난다고."

당시에는 브랜드 개념이나 체인 점포 개념이 없었고, 대부분 개인이 가게를 운영했기 때문에 서비스 인식도 없었을 것이다. 그런 당시 사회적인 분위기 속에서 어머니는 고객 서비스에 인색하지 않았고, 그런 어머니의 철칙이 많은 단골을 만들 수 있었을 것이다.

어머니는 그렇게 옷 가게를 운영하며 홀로 두 아들을 키우셨다.

겨울옷은 비쌀 수밖에 없다. 옷감은 물론이고 안감이나 충전재까지 옷을 따뜻하게 만들기 위해서는 비싼 재료들을 사용하기 때문이다.

그런데 종종 겨울옷을 도둑맞는 일이 있었다.

어머니는 아직도 옷을 도둑맞던 때를 잊지 못하신다.

손님은 가게에서 가장 비싼 겨울 코트를 입어보고 있었고, 어머니는 지켜보고 있었다. 한참을 거울 앞에 서서 여러 번 자세를 바꿔가며 옷을 살피는 모습은 왠지 불길한 예감을 가지기에 충분했다.

하지만 다른 손님이 들어오길래 어머니는 잠시 그 손님을 응대하게 되었다고 한다. 그러다 다시 그 손님이 있던 곳을 돌아봤는데 겨울 코트를 입은 채로 이미 사라져버리고 없었다.

코트를 훔쳐 달아나버린 것을 알아차리고서 황급히 나가 보았지만, 어찌

나 날쌘지, 금방 쫓아서 골목과 큰길과 구석구석을 모두 훑었는데도 정말 흔적도 없이 사라져버렸다고 한다.

　여름옷과 비교도 할 수 없는 손해였다. 그날 집으로 돌아와서도 허탈해하시던 어머니의 표정이 아직도 잊히지 않는다. 젊은 시절의 어머니였기에 속상한 마음은 참 이루 말할 수 없었을 것이다.

옷을 시장에서 떼오는 일은 어머니에게 무척 힘든 일이었다. 어머니가 가야 하는 곳은 대부분 시장의 2층과 3층에 있었다. 그래서 항상 계단을 오르내려야만 했고, 무거운 옷을 가지고 내려올 때는 무릎이 아프기도 했다. 그래서 시장에 갈 때는 전철을 타고 갔지만, 올 때는 너무 지치고 힘들어서 택시를 타야만 했다고 한다.

어머니가 옷 가게를 처음 개업했을 때였다. 그때는 큰 가방에 항상 지폐돈을 넣어서 가지고 다니셨다고 한다. 당시에는 카드가 없었고, 대부분 현금거래를 해야 했기 때문에 그것이 제일 편리한 방법이었다.

시장에서 바지와 스카프를 둘러보고 있는데, 뭔가 느낌이 좋지 않았다고 한다. 그래서 옆을 돌아봤는데, 가방을 잠시 내려놓은 곳에 가방이 보이지 않았다. 누군가 어머니의 가방을 통째로 훔쳐 도망가버린 것이다.

도매 가게 주인이 분명 그 절도 장면을 목격한 것 같기는 한데, 솔직히 말해주지 않았다. 아마도 자신이 보복당할까 두려워했던 것 같다. 그래서 어머니는 결국 돈을 찾지 못했다고 한다. 잃어버린 돈이 아까워서 눈앞이 노랗게 되고, 다리에 힘이 풀려서 주저앉고 말았다.

"그럴 때는 참 장사가 하기 싫었다."
어머니는 그때를 회상하며 종종 그렇게 말했다.

옷 장사를 시작하고 얼마 지나지 않았을 때였다. 할머니에게서 치매 증세가 보이기 시작했다. 평소와 다른 여러 신호가 있었지만, 그저 나이 들어서 그런 것이라고 어머니는 가볍게 생각했다고 한다.

처음에 할머니는 창문 밖에서 누군가가 자신을 쳐다본다고 하셨다. 가만히 있다가 깜짝 놀라거나 창밖을 향해 소리를 지르기도 했다.
어머니는 '그럴 리 없지'라고 속으로 생각하고 아무 대처도 하지 않았다.

어느 날. 할머니는 의정부에 있는 조카딸 집에 간다고 하셨다. 의정부까지는 너무 먼 길이었기 때문에 장사 쉬는 날에 함께 가자고 어머니가 말했지만, 할머니는 한사코 혼자 가겠다고 우기셨다고 한다.
누구나 나이를 먹는다. 하지만 누구든 그로 인한 변화에는 둔감할 수밖에 없다. 특히 부모님의 경우에는 더욱 그런 것 같다. 어렸을 때부터 나보다 더 키가 크고, 더 건강한 어른이었던 부모님이 순식간에 예전의 모습과 달라지리라고 누가 쉽게 예측할 수 있을까. 어머니는 예전부터 할머니가 늘 그래왔듯 혼자서도 잘 다니실 수 있으리라고 믿었을 것이다.

"돈은 있어요?"

그때 어머니는 할머니에게 물었고, 할머니는 주머니에 있는 4천 원을 보여 주셨다. 의정부까지 가기에 모자람은 없었지만, 많은 돈은 아니었다. 그래서 어머니는 만원을 더 보태 드리려고 했는데, 할머니는 한사코 받지 않으셨다.

"이걸로 충분혀."

어머니는 아직도 할머니의 그 4천 원을 기억하며 마음 아파하신다. 그때의 기억은 여전히 어머니에게 대못처럼 가슴 깊이 박혀 있다.

"그럼 조심히 다녀와요."

때마침 손님이 들어와서, 어머니는 그렇게 할머니에게 인사 하고 손님을 맞았다.

그런데 하루가 지나고 이틀이 지나도 할머니에게서 연락이 오지 않았다. 당시에는 핸드폰이 없었기 때문에 바로 연락해서 확인할 수도 없었다. 어머니는 뭔가 큰일이 일어난 것이라고 직감했다. 바로 오빠들에게 연락했다.

오빠들이 나서서 수소문하고 나서야 할머니가 실종되었다는 사실이 분명해졌다. 어머니는 소식을 듣자마자 그대로 주저앉아버렸다.

할머니를 찾기 위해 어머니는 한동안 전국 팔도를 다 뒤져보았다고 한다. 할머니가 있을 만한 곳은 가보지 않은 곳이 없었다고 한다. 심지어는 실종자를 찾는 방송에 출연하기도 했다. 당시에는 그런 방송이 많았고, 사람들이 많이 보는 프로그램이기도 했다. 핸드폰도, 인터넷도 없던 시절이기 때문에 사람을 잃어버리면 쉽게 찾을 수 없는 시절이었기 때문이다.

방송 출연 이후 장난 전화만 많이 걸려 왔다고 한다. 허위제보도 많아서 할머니를 찾기 위해 엉뚱한 곳에 가는 일도 종종 있었다고 한다.

그중 하나가 서울역에서 노숙하는 할머니를 봤다는 제보였다. 인상착의가 일치하고 외모도 할머니와 비슷하다고 했다. 어머니는 전화를 받자마자 옷도 제대로 입지 못하고 슬리퍼를 신은 채 서울역으로 달려갔다. 물론, 그곳에 있던 사람은 전혀 다른 사람이었다.

백발의 머리가 어지럽게 헝클어지고, 여러 겹 껴입은 옷에는 검은 얼룩이 묻어있었다. 할머니가 집을 나서며 입고 있던 옷과 비슷하기는 했지만, 전혀 다른 옷이었다. 드디어 할머니를 찾을 수 있을까 잔뜩 기대했던 어머니는 실망하고 말았다.

나중에 알게 되었지만, 서울역에 있던 그분은 며느리에게 신체적 학대를 받다가 견디지 못하고 집을 뛰쳐나온 분이라고 한다. 치매에 걸려있었고, 정상적인 언어를 구사하지 못했기 때문에 그것이 사실인지 확인할 수는 없었다. 어쨌든 어머니는 실종된 할머니 생각에 그분을 끌어안고 하염없이 눈물을 흘리셨다.

　요즘 아이들은 교과서에서 사진으로나 보게 된다는 '88 서울 올림픽'과 우리나라가 4강 토너먼트에 진출하기도 했던 '2002 한일월드컵'은 전 국민이 열광할 정도로 큰 축제였다. 그 시절을 겪어보지 않고서는 그때의 그 뜨거웠던 열기를 온전히 알 수 없을 것이다.

　내가 초등학생이었을 때. '93 대전 엑스포'가 열렸다. 지금은 상상할 수 없을 만큼 폭발적으로 인기가 있었다. 올림픽이나 월드컵과 비슷한 열기였다. 당시 마스코트였던 '꿈돌이'는 한번쯤 종이에 그려보지 않은 사람이 없을 정도로 국민적인 사랑을 받기도 했다. 전국에서 인파가 몰렸고, 대전행 엑스포장으로 향하는 대전행 열차는 언제나 만석이었다고 한다.

　당시에 천하장사로 유명했던 강호동이 여덟 시간 동안 2만 8천 2백 33명과 악수하며 세계 기록을 세웠다는 뉴스가 아직도 기억에 남아있기도 하다.

그날 우리 가족은 사람들로 붐비는 그 축제의 중심에서 아버지를 잃어버렸다. 가지고 있던 물건을 잃어버린 것이 아니었다. 다름아닌 아버지였다.

지금처럼 누구나 핸드폰을 들고 다니는 시절이 아니었기 때문에, 사람을 잃어버리게 되면 상황실에 가서 방송을 부탁하는 방법밖에 없었다.

우리 가족뿐만이 아니었다. 몇 분에 한 번씩 방송이 틀어질 만큼 가족을 잃어버린 사람들이 많았다. 기록에 의하면 하루 평균 200회 정도 사람 찾는 방송을 해야 할 정도로 대전 엑스포 행사장은 인산인해였다고 한다. 다시 말해서, 아버지를 찾는 일은 마치 모래사장에서 바늘을 찾는 것처럼 느껴지기도 했다.

밤이 되어도 아버지를 찾지 못했다. 어머니는 형과 나를 데리고 이름도 알지 못하는 대전 시내 모텔에서 초조하게 하룻밤을 보내야만 했다.

지금으로서는 상상이 가지 않을 수 있다. 인터넷과 핸드폰이 있는 이 시대에는 사람을 잃어버려도 충분히 찾을 수 있을 것이라는 생각이 들지만, 아무것도 없던 당시에는 뭔가 캄캄한 어둠 속에 내던져진 것 같은 심정이었다.

다음날 어머니는 모텔에 있는 전화기로 혹시나 하는 마음에 집으로 전화를 걸었다.

그때 수화기 너머로 들려오는 익숙한 목소리.

"여보…"
아버지 목소리였다.

가족을 잃어버린 아버지는 불안한 마음에 집으로 돌아간 것이었다. 수화기 너머로 들려오는 아버지의 목소리를 확인한 어머니는 화도 내지 않고 눈물만 흘렸다. 걱정하던 마음과 긴장이 풀리는 동시에 너무 반가워서 오히려 무슨 말을 해야 할지 몰랐다. 평소 같았으면 화를 내거나 했을 텐데 아버지와 어머니는 서로 수화기만을 붙든 채로 아무 말도 하지 못했다.

나는 비록 어렸을 때였지만, 그때를 생각하면 이런 생각이 든다.
우리 가족은 떨어져서는 살 수 없겠구나. 하는 생각.
어두운 모텔 방에서 견디었던 불안. 그리고 더욱 소중해지고 간절해졌던 우리 가족의 소중함이 아직도 기억에 생생하다.

　어머니는 나를 뱃속에 두고서도 억척같이 일을 하셨다. 나는 마포구 아현동에 있는 어느 산부인과에서 태어났는데, 머리가 나오지 않아서 제왕절개로 꺼낼 수밖에 없었다고 한다.

　세상에 나올 때부터 어머니 말을 참 안 듣고 괴롭힌 것 같다.

　내가 갓난아기일 때, 어머니는 항상 옷 장사로 바빴기 때문에, 언제나 나를 눕혀서 키웠다고 한다. 아이가 극성맞았다면 가만히 누워있지 않았을 텐데, 나는 그 정도는 아니었다. 어머니가 장사하는 동안 누운 채로 얌전히 잠들거나 옹알거리거나 했고, 그 모습이 꼭 천사 같았다고 했다.

　내가 어느 정도 자랐을 때는 어머니가 옷 장사로 돈을 많이 모았다고 한다. 바쁘게 장사한 덕분에 2층짜리 집을 새로 지으셨다. 당시에는 2층으로 된 집이 흔치 않았다. 1층에는 가게가 있었고, 2층에 집이 있었다.

어머니는 형과 나를 위해 항상 따뜻한 밥을 해주셨다. 점심시간이 되면 1층의 가게 문을 닫고 2층으로 올라와 국을 끓이고 밥을 지으셨다. 제육볶음 같은 반찬도 빠르게 했다. 얼마나 빨랐느냐 하면, 지금 분식집에 가도 그 정도의 속도로 음식이 나오지 못할 것이다. 그만큼 빨랐다. 빨랐지만 너무 맛있어서 한 번도 반찬을 남겨본 적이 없었다.

성인이 된 후에 언젠가 어머니에게 물었다.

"엄마는 일하기도 바쁜데 어쩜 요리를 그렇게 잘했데?"

어머니의 답변은 간단했다.

"그게 다 '미원' 맛이야."

그때 어머니는 고생을 참 많이 하셨다. 신랑이 벌어 오는 돈으로 편하게 살기 위해 시집을 왔는데, 결국 처녀 때처럼 어머니가 벌어서 먹여 살려야만 했다. 그래도 남편이 있고 아이들이 있으니 그 시절이 어머니는 행복했다고 했다.

지금도 유튜버가 되어 방송 활동을 하시니까, 어머니는 평생 일할 운명이었던 것일지도.

아버지의 한때 꿈은 컬러텔레비전을 발명하는 것이었다. 요즘 사람들은 상상하기조차 힘들겠지만, 당시에는 TV가 모두 흑백이었다.

아버지는 실제로 흑백텔레비전을 구매해와서 열심히 실험했다. 그 모습은 무척 진지했다. 발명만 성공하면 돈을 크게 벌어서 '색시'를 호강시켜 주겠다고, 아버지는 어머니 앞에서 맹세했다고 한다.

흑백으로 된 화면이기는 했지만, 그것마저도 당시로서는 상당히 비싼 것이었다. 그 비싼 텔레비전의 부품들이 눈앞에서 해체되고 펼쳐졌다. 그때 아버지의 모습은 마치 후레쉬맨이나 바이오맨 속에서나 나올법한 과학자 같아 보였다.

나는 아버지가 컬러텔레비전을 발명하게 될 날만을 손꼽아 기다렸다. 친구들 앞에서 자랑도 하고, 과학자가 되어 아버지가 돈도 많이 버는 모습을 보고 싶었다. 하지만 아버지의 그 실험은 성공하지 못했다.

그런데 지금 생각해 보면, 아버지의 그 실험 덕분에 내가 유튜버가 될 수 있었던 것이 아닐까. 나비효과처럼 말이다.

"우리 같은 날, 같은 시간에 죽자!"
아버지는 어머니를 바라보며 사랑스럽게 속삭이곤 했다.

컬러텔레비전을 발명하겠다며 멀쩡한 TV를 분해할 정도로 엉뚱했던 아
버지는 사실, 사랑꾼이었다.
아버지는 다른 것은 몰라도 어머니에게만은 충실하며 가정적인 최고의
신랑이었다.

아버지는 엉뚱하기도 했지만, 세상에서 가장 자상한 아버지였다. 어렸을 때도 자식들을 크게 혼낸 적이 없을 정도로 아버지는 정말 착한 분이셨다.

종종 아버지는 말했다.
"아껴야 잘 산다!"
흔히 말하는 '자린고비'처럼 아버지는 휴지도 정확히 두 칸에서 세 칸만 끊어 사용하라고 했다. 형과 내 앞에서 휴지를 사용하는 방법을 직접 브리핑 하실 정도였다.
아버지는 돈을 주고 옷을 사 입은 적이 없었다. 어머니가 가게에서 팔던 옷을 가져다 입고는 구멍이 날 때까지 그 한 옷만을 입으셨다. 지금 생각해 보면, 몸이 약해서 돈 버는 일을 하지 못하니 어머니에게 미안한 마음으로 자린고비가 되셨던 것은 아닐까.

"어떤 일이 있어도 절대로 여자는 때려서는 안 된다."

이렇게 말씀하시던 아버지 모습이 아직도 기억에 남아있다. 어머니를 진심으로 사랑하시는 것만큼이나, 아버지는 남자의 도리를 충실히 지켜야 한다는 생각을 가지고 계셨다. 혹시나 자식이 엇나가는 것은 아닐까 하는 걱정. 또는 당신이 바라는 대로 살지 않게 되는 것은 아닐까 하는 걱정들이 있으셨을 것이다. 유튜버가 된 이후로 느끼는 것이지만 인간의 도리를 저버린 사람들이 부쩍 많아졌다. 돈을 벌기 위해 자극적이고 폭력적이고 선정적인 영상을 만드는 사람들이 많은데, 그런 길로 빠지지 않을 수 있었던 것이 어쩌면 아버지가 나를 바른 길로 인도해주셨기 때문이 아니었을까.

어렸을 때는 집에 개미와 쥐가 많았다. 집이 낡아서였기도 했지만, 옛날에는 유독 개미와 쥐가 많이 보였었던 것 같다.

어느 날, 라면을 끓이는데 냄비 뚜껑에 개미가 여러 마리 붙어있는 것이 보였다. 형이 손가락으로 냄비뚜껑을 가리키는 사이, 아버지가 그대로 뚜껑을 덮는 것이었다. 당연히 그곳에 붙어있던 개미도 냄비 속으로 풍덩 빠질 수밖에 없었다.

형과 나는 깜짝 놀라서 입을 모아 말했다.
"아빠, 개미는 왜 먹어?"
그 말에 답한 아버지의 명언을 아직도 잊을 수가 없다.
"개미도 몸에 좋아. 그냥 먹어. 동의보감에도 나와."

조카의 돌잔치 날이었다.

"빨리 나와, 돌잔치 가려면 서둘러야 해."

욕실에 들어가서 오래 나오지 않는 아버지를 향해 어머니는 텔레비전을 보며 말했다. 아침 뉴스 시간이라서 잠시 정신이 팔린 사이에도 아버지는 나오지 않았다. 빨리 나오라고, 다시 불러보아도 대답이 없었다.

어머니는 불길한 마음으로 다가가서 문을 두드려보았다. 하지만 아무런 반응이 없었다.

어머니가 마지못해 문을 열고 들어가니 아버지는 의식을 잃고 바닥에 쓰러져 있었다. 당황해서 어깨를 잡고 일으켜 세우려는데 아버지의 팔이 힘없이 늘어졌다. 아버지는 그때 숨을 쉬지 않았다. 아니, 정확히는 알 수 없었다. 어머니는 당황했고 머릿속이 그저 하얗게 되었을 뿐이다.

어찌해야 하나 몰라서 어머니는 바닥에 그대로 주저앉았다. 그리고 간신히 정신을 차리고 서둘러 구급차를 불렀다. 느리지도 빠르지도 않은 시간에 도착한 구급대원은 들것으로 아버지를 싣고 밖으로 나왔다.

그때 어머니는 아버지가 마지막으로 숨 쉬는 것을 보았다. 전날까지만 해도 어머니에게 사랑한다고 속삭이던 아버지의 마지막 모습이었다.

"운명하셨습니다.“

의사가 건조하게 말했다. 너무 건조한 말투였다. 같은 세상에 살고 있는 사람이 맞는지 의문이 들 정도로 건조한 말투였다.

무슨 말이냐고, 확실하냐고, 그래서 어머니는 재차 물어봐야만 했다.

전날에도 장사하고 돌아온 어머니에게 고생했다며 다리를 주물러 주던 아버지가 한순간에 저세상으로 가버린 것이었다. 그때 아버지의 나이는 고작 52세였다.

그때 나는 중학생이었는데, 학교에서 돌아오니 집이 무척 어수선했다. 나는 어머니에게 무슨 일이 있느냐고 물었던 것 같다. 어수선한 것을 보고는 도

둑이라도 맞은 거냐고 재차 물었다.

그런 나에게 어머니가 말했다.
"아빠가 갔어."

그것이 무슨 의미인지 말뜻을 알지 못했을 텐데도, 어렸던 나는 그 자리에 숨죽이고 서서 아무 말도 하지 못했다.

　아버지는 지병으로 천식을 가지고 있었다. 그래서 술을 한 잔도 마시지 못한다고 결혼 전 어머니에게 말했었다고 한다. 하지만, 신혼여행을 가서 어머니는 그 말이 곧 거짓이라는 것을 알았다.

　다른 신혼부부들과 함께 저녁을 먹고 있는데, 멀리 있던 아버지가 눈을 끔뻑거리는 것을 어머니는 보았다. 처음 보는 광경에 놀라서 어머니가 말했다.

　"어머, 무슨 일이야?"

　가까이 가서 보니, 아버지는 이미 술에 만취해 있었다. 눈도 제대로 뜨지 못할 정도로 술에 취한 모습이었다. 제대로 몸을 가누지도 못하는 아버지를 보며 어머니는 비로소 속았다는 것을 깨닫게 되었다고 한다. 술을 전혀 먹지 않는다는 말이 알고 보니 거짓이었다. 이미 결혼은 해버렸고, 돌이킬 수도 없는 일이었다. 속았다고 해도 어쩔 수 없는 일이었다.

아버지는 술을 자주 마시는 편은 아니었다. 그러나 한 병만 마셔도 만취 상태가 되었다고 한다. 그래서 어머니에게는 끊임없는 걱정거리였다. 천식이 있는데 술까지 마신다니. 외할아버지도 해수병으로 돌아가셨기 때문에, 어머니 입장에서는 걱정하지 않을 수 없는 일이었다.

그래서 어머니는 종종 아버지에게 약속해달라고 부탁했다.
"돈은 내가 벌 테니까, 당신은 그냥 건강하게 오래 살아만 주어."

아버지는 끝내 어머니와의 약속을 지키지 않고 떠나버렸다.

"엄마, 나랑 유튜브 해볼래?"

30년 동안이나 이어왔던 옷 장사를 마무리하고 가정주부로 살고 있던 어머니에게 어느 날 문득 내가 말했다. 아주 오랜 시간 고민하고 고민한 끝에 한 말이었지만, 어머니는 그것이 무엇인지도 잘 알지 못하면서 흔쾌하게 알겠다고 했다. 아들과 함께하는 일이니 어찌 보면 재미있을 것 같기도 하고, 한편으로는 아들이 하고자 선택한 일에 응원해주고 싶은 마음이 있으셨을 것이다.

그러나 처음에는 나도 잘 몰랐다. 일단 촬영하기 위해 핸드폰 하나만 들고 무작정 거리로 나갔다. 어머니나 나나 유튜브의 유자도 몰랐을 때였다. 그래도 첫 촬영이었던 그때, 어설프기는 했지만 뭔가를 하긴 했다.

어머니가 얼마나 순진하셨냐 하면. (물론, 지금도 한없이 순수하고 순진

하시지만) 첫 촬영 때 먹방을 위해 음식을 주문하는데, 어머니가 갑자기 소리를 치시는 것이다.

"난 안 먹어."

방송을 촬영해야 하는데 먹지 않겠다던 어머니의 그 모습은 어쩔 수 없이 편집할 수밖에 없었다. 그뿐만이 아니라 촬영 중에 "이거 지금 찍고 있는 거니?" 하고 물어보시기도 했다.

어머니에게 중요했던 것은 그저 사랑하는 아들과 맛있는 음식을 먹는 일이었을 수도 있겠다.

2019 년
2월 5일
처음 어머니와
유튜브 촬영한날

초반에는 어쩔 수 없이 어머니와 자주 싸워야만 했다. 직장을 다니고 있었기 때문에, 퇴근하고 돌아와서 늦은 시간에 촬영해야 했다. 아무래도 예민할 수밖에 없던 시절이었다. 어머니도 그런 아들을 위해 늦은 시간까지 촬영해 주었는데, 속에 없는 말을 자주 하게 되었다.

어머니가 NG를 냈을 때는 그냥 넘어갔다. 그런데 내가 NG를 내면 어머니는 여지 없이 나를 혼냈다. 사정없이 머리를 맞았다. 지금 생각하면 웃기기도 하고, 어머니를 고생시킨 것 같기도 해서 미안한 감정이 들기도 한다.

'욕 잘하는 할머니 콘셉트'가 통했다.

'이 시부랄놈의 시키야'가 유행어가 될 정도였다. 그러다 어느 한 콘텐츠 하나가 5억 뷰 조회수가 나왔다. 지금 생각해봐도 꿈 같은 일이었다. 처음에는 조회수 1도 무척 귀했는데, 한번 터지니 영상이 전 세계적으로 퍼져나갔다. 하나의 영상이 어머니와 내 인생을 바꾼 셈이다.

길에서 만난 초등학생들이 다가와서 사인해달라고 할 정도였다. 연령대를 가리지 않고 많은 사람이 알아봐 주었다. 심지어는 필리핀이나 베트남에 가서까지도 사람들에게 사인을 해주었을 정도다. 어머니는 정말이지 노년에 이르러 인생 역전을 이룬 것이다.

어머니는 전국 방방곡곡, 가보지 않은 곳이 없을 정도다. 특이한 체험도 많이 했다. 예를 들어 백종원, 박광덕, 허경영 같은 그동안 만날 것이라고 한 번도 생각해 보지 않았던 사람들도 많이 만나봤다.

대한민국 전국 팔도를 돌아다니며 맛집들 촬영하러 다녔고, 부자들만 한다는 크루즈여행도 해봤다.

70대 나이에 이렇게 재미있게 사는 사람은 어머니밖에 없지 않을까?

젊었을 때 어머니가 재미 삼아 점을 보면 항상 이런 말을 들었다고 한다.

"내가 살다보니 이런 운세를 보게될 줄이야. 너는 초년, 중년은 무지 고생하는데, 말년에 가서 아주 기가 막히게 좋을 팔자여!"

나는 무속을 믿지 않는다. 그렇지만 어쩐지 그 점쟁이 말대로 어머니가 말년에 이르러 좋게 된 것 같아서 기분이 좋다.

유튜브는 당신(YOU)과 브라운관(TUBE, 텔레비전)의 합성어다. 전 세계 인들이 이 하나의 플랫폼에 모여 자신들의 이야기를 공유한다. 인터넷이 발달하고 스마트폰이 발달하면서 멀리 떨어진 곳에 있는 사람들까지도 하나가 될 수 있었다. 내가 올리는 이 영상 하나가 지구 반대편에 있는 누군가에게 즐거움을 줄 수 있는 시대가 된 것이다.

플랫폼이란, 창작자와 소비자가 하나의 공간에 모여서 서로의 이야기를 공유하고 소비하는 생태계를 뜻한다. 이 플랫폼을 통해서 나는 꿈을 이루었고, 어머니는 70대의 나이에 백만 유튜버가 될 수 있었다. 이것처럼 좋은 일이 또 어디 있을까.

컬러텔레비전

　어렸을 적 나에게는 세발자전거가 있었다. 골목과 공터에 모인 아이들 사이에서 세발자전거는 유행의 상징이었다. 아직 다섯 살이 되지 않은 아이들 몸집에 딱 맞는 크기의 그 세발자전거는 뒤에서 어른이 밀어주지 않아도 날렵하게 조작할 수 있는 핸들이 있었고, 탑승객을 태울 수 있는 뒷좌석도 있었다. 멋지게 페달을 밟으며 공터를 한 바퀴 돌면 언제나 동네 아이들의 부러움을 받았다. 해가 저물 무렵이 되자 저녁을 먹기 위해 동네 아이들이 하나둘씩 사라졌고, 나도 자전거를 세워둔 채로 집에 들어갔다. 그날따라 엄마가 요리해 주신 계란말이가 무척 맛있었다. 밥을 맛있게 먹고 다시 공터로 나왔는데, 내 자전거가 감쪽같이 사라져 있었다. 골목을 다 뒤져보아도 보이지 않았다. 혹시나 해서 아랫집 대문 안까지 들어가 봤지만 개 짖는 소리에 놀라 도망 나올 수밖에 없었다. 고작 네 살 정도밖에 되지 않았을 때였지만, 너무 서러워서 엉엉 울었던 것 같다.

그때부터였을까. 어린 시절의 나는 언제나 숫기가 없는 아이였다. 남들 앞에서 말 한마디 제대로 하지 못했다. 물론 그 원인을 전부 잃어버린 세발자전거 때문이라고 할 수는 없었다. 아무리 그때 슬프고 서러운 감정을 느꼈다고 하더라도 나의 어린 시절의 성격을 결정지을 정도로 큰 사건이라고 할 수는 없었다. 어머니는 내가 어렸을 때부터 옷 가게를 하셨고, 나름 갖고 싶은 것과 하고 싶은 것을 부족하지 않게 해주셨다. 용돈도 적게 주지 않았다. 잃어버린 세발자전거 때문에 다른 아이들 앞에서 눈도 잘 마주치지 못할 정도의 내성적인 아이가 되었다고는 말할 수 없을 것이다. 원인을 굳이 알 수는 없지만 나는 그냥 숫기가 없는 아이였다. 채널에 올린 나의 어린 시절 영상만 보아도 나는 정말 수줍음 많은 아이였다.

그런데 신기하게도 중학교 2학년이 되었을 무렵, 갑자기 성격이 달라졌다. 흔히 '중2병'이라고 불리는 공포의 그 시기를 나는 잘 견딘 것 같다. 어울리던 친구들 사이에서 항상 장난치는 것을 좋아했고, 사람들 앞에 나서는 것을 즐겼다. 간혹 교내 장기 자랑에 반 대표로 출전해서 입상할 정도였다.

생각해 보면 그때 친하게 지내던 아이들이 참 많았다. 그 시절의 친구들에게는 뭔가 애틋함 같은 것들이 있다. 만약 다시 세발자전거를 잃어버려도 목숨 걸고 찾아주었을 것 같은 친구들이었다. 신체가 변화하고 사춘기가 시작되는 시기에 사귄 친구들이라 서로에게 더 각별할 수 있었던 것 같다. 잃어버린 세발자전거를 다시 찾지 못한다고 해도 이제는 울지 않을 수 있었다. 더 이상 수줍어하지 않고, 숫기 없지 않고, 나는 씩씩한 아이였다.

중학교를 졸업할 무렵이었다. 진학 상담을 위해 어머니가 학교에 왔다. 나는 성적이 중간 이상이었기 때문에, 당연히 인문계 진학을 원했다. 당시에는 성적이 높은 순서로 인문계 고등학교와 실업계 고등학교로 갈리는 것이 일반적이었기 때문에, 나는 조금 더 우월한 쪽으로 가게 될 것으로 생각하고 있었다. 그런데.

어머니가 선생님께 말했다.

"정필이는 실업계로 가서 기술을 배우는 것이 좋을 것 같아요."

옆에 앉은 나는 당황할 수밖에 없었다. 내가 공부에 큰 관심이 있었던 것은 아니었지만, 그래도 어머니의 그 단호함은 예상하지 못했던 것 같다.

학교에 오느라 잠시 닫아두었던 옷 가게 문을 열기 위해 서둘러 교문을 빠져나가는 어머니의 뒷모습을 오래 지켜봤다. 어렸을 때라 잘 몰랐으니까. 어머니의 선견지명이 얼마나 위대한 것이었는지도 알지 못했고, 그저 어머

니의 뒷모습을 적시고 있는 저녁노을이 내 마음에까지 옮겨와 서운하게 적
시고 있었다.

결국 나는 성동구에 있는 동호공고 정보통신과에 입학했다. 지금은 서울
방송고등학교로 이름이 바뀐 곳이었다. 항상 반에서 10등을 놓치지 않았고,
3년 내내 장학금을 받으며 학창 시절을 보냈다.

　내가 삶에 대하여 진지하게 고민하기 시작한 것은, 군 입대를 앞둔 시점이었다. 앞으로 나는 어떤 일을 해야 할까. 나는 과연 할 수 있을까. 가능성이 많은 시기였지만 동시에 불안정한 시기이기도 했다.

　나이가 아직 어렸기 때문에, 미래에 대한 그런 고민은 머릿속에서 쉽게 결정이 나지 않았다. 나름 많이 살았다고 생각했지만, 여전히 세상에는 할 수 있는 것들이 많았고 그래서 불안했지만, 자신감으로 충만해 있는 나이였다.

　2003년에 입대를 선택했다. 미래에 대한 불안정한 생각을 해소하기 위해서였다. 그리고 제대 후 더 성장한 상태로 삶의 고민을 이어 나가고 완성하려 생각했다.

　나는 훈련소에서 특전사로 차출되었다. 9공수여단이었다. 매일 같이 체력적인 한계를 시험해야 하는 나날이었다. 일개 병사였지만 석 달에 한 번씩 낙

하산 훈련을 받았고, 공수 교육도 받아야 했다. 심지어 해상 훈련도 있었다.

군 시절에 특히 기억에 남는 것은 행군하며 떠올리던 생각들이었다. 지루하고, 피곤하고, 땀이 온몸을 적시다가도 밤공기에 다시 식어버리는 그 경험. 앞서가는 병사의 달그락거리는 수통 소리를 들으며 나는 잠시 밤하늘을 올려다보았는데, 그때 보았던 보름달을 아직도 잊지 못한다. 과거 있었던 일들을 하나씩 떠올려보기도 하고, 미래에 있을 일들을 설레는 마음으로 하나씩 상상해 보기도 했다.

군대는 시간이 다르게 흐르는 세상이었다. 그렇기에 그 시간에서 벗어나면 하고 싶은 일을 마음껏 해야겠노라고 다짐하고, 계획하던 나날이었다.

공수기본 #03-13차 (#623기) 교육수료기념 30.10.18

군에 한참 적응하던 이등병 시절의 어느 날. 통신지원대장님이 나를 부르셨다.

"정필아. 사회에서 뭐 하다 왔니?"

나는 얄팍하지만 잠시 쌓아두었던 개그맨 경력을 말씀드렸다. 입대 전에는 대학로에서 코믹 연극은 하지 않았었고, KBS 개그아카데미를 석 달 정도 다녔었다. 개그에 대한 기초 과정을 배우는 곳이었는데, 공채 개그맨을 몇명 배출하기도 했다.

내 이야기를 가만히 듣던 대장님이 무릎을 치며 말했다.

"그럼, 이번 장기 자랑에 네가 나가면 되겠네."

그렇게 나가게 된 연말 장기 자랑에서 나는 비록 이등병이었지만 팀의 리더가 되어 사람들 앞에 섰다. 어쩌면 어설플 수도 있는 내용이었지만, 전문적으로 개그를 배운 덕분이었는지 사람들은 내 개그에 빵빵 터졌다. 나중에는 목소리와 몸짓 하나하나에도 반응하며 배가 터져라 웃는 것이 보였다.

군대에서 최고의 훈장이라고 할 수 있는 포상 휴가증을 손에 쥘 수 있었다. 이때부터 나는 더더욱 개그맨이 되어야겠다고 생각했던 것 같다.

군대에서 전역하고 사회로 나와서는 무작정 여러 일들을 했다. 그중 신촌에 있는 한 수선집에서는 몇 년 동안 아르바이트를 하기도 했다. 그러다 문득 생각하게 되었다.

'나는 코미디언을 해야 해.'

무엇이든 마음먹은 대로 실행할 수 있는 나이였다. 나는 곧바로 서울 대학로에 있는 극단에 입단하게 되었고, 그곳에서 3년 동안이나 코믹 연극을 했다. '패러디극 웁스'라는 공연은 아직도 많은 사람들이 기억하고 있을 정도로 나름 유명했던 공연이었는데, 내가 남자 주인공을 맡았었다.

그때 함께 활동했던 단원 중에는 개그맨 공채 시험에 합격한 친구들도 많았다. 나도 최종시험까지 올랐지만 낙방했다. 지금 생각해 보면, 나는 시험 준비를 참 안 했던 것 같다. 앞길이 창창했으니 또다시 같은 기회가 찾아올

줄 알았지만, 더 이상 기회는 없었다. 그래도 후회는 되지 않는다. 그것도 내 앞에 펼쳐졌던 한 갈래의 길에 불과했기 때문이다.

서울에 있는 대학교 연극과에 합격했지만 한 학기만 다니다 등록금이 부담되어 자퇴했다.

이후에는 형과 함께 은평구에서 PC방을 운영했다. 장사는 나름 잘 되었지만, 장비 교체에 들어가는 비용 문제가 항상 고민거리였다. 게다가 당시에 금연 문제가 사회적으로 공론화되면서 PC방에 반드시 흡연 부스를 설치해야만 법이 생겼다. 그러자면 추가 비용이 필요했는데, 감당할 여력이 되지 못했고 결국 장사를 접게 되었다.

어쩌면 인생이 꼬여버린 것인지도 몰랐다. 아파트를 팔고 엘리베이터도 없는 빌라로 이사 가야만 했다. 주머니에 딸랑 오천 원만 남아있어서, 그 돈으로 어머니와 먹을 생각에 붕어빵을 샀다. 집까지 걸어가는 동안 식어가는 붕어빵을 보며 왜 그렇게 슬프고 서러웠는지.

어머니에게도 추운 겨울이었다. 어머니는 허리가 아파 한 달을 걷지도 못하셨다. 수술할 돈도 없었다. 병원에 모시고 갈 택시비가 없어서 어머니를 업고 병원까지 모시고 간 적도 있었다. 아무도 없는 방 안에서 자주 울었다. 나는 스스로 자책했다. 모든 것이 내가 능력이 없었기 때문이라고 생각을 몰아갔다.

무엇이든 해야만 했다. 돌잔치 MC를 하기도 했고, 가끔 개그맨을 섭외하지 못한 행사에 대타로 투입되기도 했다.

은평구에 있는 야채가게에 취직했다. 장사를 해서 돈을 많이 벌고 싶었다. 밥을 먹는 곳이 화장실 문 앞이었을 만큼 작은 가게였다.

"얼간이 이천 원 얼간이 이천 원"

연극을 하며 얻은 발성법으로 하루 종일 그렇게 외쳤다. 지나가는 사람들이 얼간이처럼 보일 정도였다. 내 처지를 생각하며 정말 애절한 마음으로 일했다.

나와 같은 날에 들어온 어느 형님이 계셨다. 그 형님은 부끄러움이 많아서 그런지 목소리를 제대로 내지 못했다.

"어얼간..이 이천 원... 얼가안이 이...천...원..."

첫날 일이 끝나고, 사장님이 우리 둘을 불렀다. 나에게는 아무 말도 하지 않고, 그 형님에게는 손에 몇만 원을 쥐여주며 내일부터 나오지 말라고 말했다. 슬쩍 그 형님의 표정을 봤는데, 동공이 풀린 눈동자로 어찌해야 할지 몰라 이상한 표정을 짓고 있었다.

그 형님과 나는 사는 동네가 같아서 버스정류장까지 함께 걸었다.

"나이를 먹고 참 살기 힘드네요. 애들이 있으니 어떻게든 먹여 살려야 하는데."

지금 와서는 얼굴도 잘 기억나지 않는 그 형님의 뒷모습은 정말 뭐라고 설명하기 힘들 정도였다. 쓸쓸했고, 어깨가 무거워 보였다. 나도 나이를 조금 더 먹으몬 그 형님의 모습이 될 수 있겠구나, 하고 생각했던 것 같다.

야채가게에서는 한 달 정도만 일하고 그만두었다. 새벽에 일하는 곳이었으니 신체적으로 힘들었다. 내가 아무리 돈을 많이 벌어도 그렇게 새벽에만 일하다 보면 앞으로 주간 생활은 영원히 못 하게 될지도 모른다고 생각했다.

'내가 잘 할 수 있는 일을 하자.'

　개그맨의 꿈을 잠시 잊고 살았다. 그러다 유튜브를 알게 되었다. 당시에도 이미 많은 사람들이 유튜브를 하고 있었다. 지금도 마찬가지지만 그때도 유튜브는 레드오션이라고 했다.

　연극을 함께 하던 친구와 무작정 유튜브 채널을 개설했다. 촬영은 어찌어찌했는데, 편집하는 방법을 알지 못해서 올리지를 못했다. 그때 나는 정말 유튜브에 대해 아무것도 몰랐다. 당연히 조회수도 잘 나올 수 없었다.

　몇 번 해보고 나서, 친구는 말했다.

　"나는 이제 안 할래. 정필아 미안."

　나는 정말 잘 해보고 싶었는데, 갑자기 친구가 그만두겠다고 하니 걱정이 태산이었다. 열심히 해보겠다고 녹음기도 샀는데, 뒤돌아 걸어가는 친구의 뒷모습을 보며 녹음기값 13만 원이 아깝다고 느꼈다. 앞으로의 일이 막막하다는 생각보다 당장 그 돈이 아까웠다. 물론, 100만 유튜버가 된 지금까지 그 녹음기는 잘 가지고 다니고 있다.

나는 유튜브를 포기하고 싶지 않았다. 방법은 없었다. 그저 밤낮없이 고민하고 또 고민하는 것이 유일한 방법이었다. 어렵게 생각하지 말자.
"모든 아이디어는 가장 가까운 곳에 있어!"
언젠가 나는 그렇게 소리치며 해결책을 찾아냈다.
일상에서 건져 올리는 개그를 유튜브로 만들자고 마음먹은 것이었다.

그 시기에 나는 가전 판매 일을 하고 있어서 직업 특성상 평일에는 쉬는 날이 많았다. 여자 친구도 없어서 자주 어머니를 차에 태우고 맛집을 돌아다니던 시기였다. 그러다 보니 어머니와 함께 해보면 어떨까 하는 생각이 자연스럽게 들었던 것 같다.

　처음에는 핸드폰만 가지고 여기저기 먹으러 다니는 영상을 찍었다. 기술
은 없었지만, 의욕은 불탔다. 그래도 어색하고 어려울 수밖에 없었다. 골목
식당 같은 곳을 가면 영상 촬영 허락을 맡는 것이 겁도 나고 참 많이 어려웠
었다. 그래서 말도 제대로 하지 못하고 구석 자리에 가서 촬영했던 기억이 있
다. 가만히 보면 나 도 내향적인 인간이었던 것 같다. 유튜브 촬영에 에너지
를 모두 소진하고 나면 집에 와서 쓰러져 자는 날들이 많았다. 직장 생활과
병행했기 때문에 여러모로 체력적인 어려움도 있었다.

　아들의 부탁으로 함께 유튜브를 시작한 어머니도 이만저만 고생이 아니
었을 것이다. 처음 하는 도전이었기에 두려웠고 막막하기도 하고 힘들었지
만, 언제나 옆에서 함께 해주시는 어머니 덕분에 즐겁게 할 수 있었다.

　나는 카메라를 들면 눈빛이 바뀌는 성격이다. 그래서였는지 어머니 때문

에 촬영이 잘되지 않을 때마다 괜히 어머니에게 짜증을 냈던 것 같다. 유튜브 강의할 때마다 질문들을 많이 한다. 컨셉이 어르신들이 유튜브를 해야 하는 이유로 강의를 다니고 있다. 또 한 100만 구독자 되는 비결도 강의하고 있다. 많은 수강생이 내게 질문하곤 한다.

"유튜브 하다가 어머니랑 싸우지 않아요?"

그러면 나는 말한다.

"연기와 호흡의 문제로 가끔 짜증을 내기는 해요. 그러나 저희는 프로예요, 어머니와 잘 조율하며 촬영하고 있어요. 저는 보다 완벽한 수준으로 작업하려다 보니 어머니와 부딪히는 순간이 있을 수밖에 없는 것 같아요. 그래서 마음과 다르게 모진 말도 하게 되죠. 지금 생각해 보면 어머니께 죄송한 마음이 들어요."

어머니에게 미안한 마음, 고마운 마음을 전하고 싶어서 이 책을 쓰게 되었다.

어느새 백만 유튜버가 된 어머니는 이제 너무 잘하신다. 어머니도 프로가 되었다. 내가 알려주거나 할 것이 더 이상 없다. 아주 그냥 센스가 넘치신다.

어머니도 거짓말은 하지 못하는 성격이라 모든 감정 표현을 솔직하게 내뱉으신다. 오히려 그것이 더 매력적으로 시청자를 사로잡은 것 같다.

촬영에 점차 익숙해지고, 재미도 붙으면서 지방에도 가고, 백종원 선생님도 만나고, 바쁘게 촬영했다. 어느 날이었다. 구독자가 아직 1만 명밖에 되지 않았을 때였다. 김포 어느 식당에 촬영하러 갔는데, 어떤 아주머니가 우리를 발견하고는

"어머, 시부랄시키!"

이러는 것이다.

그래서 잘못 들었나, 어병하게 서 있었는데, 그분이 반갑게 다가오며 우리 채널의 구독자라는 것이다. 실제로 구독자를 만난 것은 아마도 그때가 처음이었던 것 같다. 쑥스럽기도 하고 반갑기도 했다. 처음 겪는 일이라서 정말 신기하면서도, 뭔가 어색하기도 하고, 여러 가지 생각이 드는 하루 였다.

이후로 백만 유튜버가 되면서 팬들과 만나는 일이 많아졌다. 거리를 걷다가도 어머니와 나를 발견하고 사인을 받기 위해 다가오는 사람들이 늘었다. 어떤 사람들은 어머니를 보며 낯이 익은데 혹시 어디서 본 적이 있느냐고 묻기도 했다.

유튜브를 하면서 여러 컨텐츠를 시도 해왔다.

브이로그도 해보고 여러 시도를 많이 했다. 촬영을 위해 돌아다니다 보니 여행하는 기분도 들었다. 단순히 돈을 벌기 위해서였다면 그러한 기분도 느끼지 못하고 스트레스 속에서 살았을 수도 있다. 하지만 나는 이 삶 자체를 즐겼다. 유튜브를 통해 어머니 와 많은 추억을 쌓을 수 있다는 것이 나에게는 이 일을 선택하게 된 최고의 조건이었다.

그래서 여행 콘텐츠를 시도해 보기도 했다. 이왕에 이렇게 된 거 여기저기 가보고 싶은 곳으로 많이 가보자는 생각이었다. 덕분에 어머니와 여행을 참 많이 다녔다.

유튜브를 촬영하다 파주 아웃렛에 간 적이 있다. 그곳은 가본 사람들은 알겠지만, 야외에 벌판처럼 생긴 넓은 운동장 같은 임시 주차장이 있다. 모레 운동장처럼 생긴 그곳에 자리를 잡고 촬영을 하고 있는데, 느낌이 이상했다. 우당탕 사람들이 뛰어오는 소리가 들렸다. 보안 요원 여럿이 우리가 있는 곳으로 몰려오더니 나가라고 어머니와 나를 쫓아내는 것이었다. 그래서 그대로 밖으로 쫓겨났다.

파주 아웃렛 주차장에서 촬영하다가 쫓겨난 경험은 두고두고 기억에 남는다. 나는 그곳이 운동장 같은 모래판이라 촬영이 가능할 줄 알았었다.

그날 촬영을 마치고 나는 하늘을 멍하니 올려다봤던 것 같다. 여름 하늘이었는데 구름 한 점 없이 참 맑았던 것 같다. 그동안 실패를 많이 해 봐서 그때도 감정적으로 동요하거나 슬퍼하지 않고 아무렇지 않게 견딜 수 있었다. 그냥 긍정적인 생각들을 했던 것 같다. 거절당하는 것도 이제는 두렵지 않다.

여기서 드시면 안됩니다!

파라핀 광고가 들어왔다. 파라핀이란, 메탄에서 시작하는 포화 탄화수소를 말한다. 기본적으로 고체인데 통 안에서 고열이 가해지면 액체로 변하고 손을 코팅해서 피부 건강을 지켜주는 제품이었다. 광고를 주신 것에 감사한 마음으로 열심히 촬영 했다. 그런데 파라핀에 대한 지식이 별로 없었기 때문에, 촬영을 마치고 나서 별생각 없이, 액체 상태의 파라핀을 싱크대에 그냥 버렸다. 정말 아무 생각 없이 한 행동이었는데, 뜻밖에도 파라핀이 배관 안에서 고체가 되어버려 하수구가 막혀버리고 말았다. 거품이 온 집을 가득 채우기 시작했다. 정말 미끈미끈 끈적끈적한 거품이었다. 제품 자체의 문제가 아니라 주의 사항을 자세히 못 본 탓이었다. 어머니와 한참을 고생해도 문제를 해결할 수 없을 것 같아서 결국 하수구 뚫는 전문가를 불러야만 했다.

"내가 하수구 뚫는 전문가입니다. 아, 예. 뚫지 못하면 돈을 받지 않겠습니다.”

그 사장님은 표정이나 행동이 참 자신만만했다. 역시 전문가의 도움을 받길 잘했다고 생각했다. 그런데 세 시간이 지나도록 그 사장님은 하수구를 뚫지 못했다. 온몸이 땀에 흠뻑 젖도록 노력해 주었는데도 결국은 실패한 것이다. 그래도 ‘뚫지 못하면 돈을 받지 않겠다’라고 호언장담했던 그분에게 돈은 챙겨드렸다. 고생하셨으니 그냥 매정하게 돌려보낼 수도 없었다.

하지만 이후로도 해결할 방법을 찾지 못했고, 싱크대에서는 설거지를 제대로 할 수가 없었다. 무려 다섯 달이나 그렇게 생활 했던 것 같다.

우리 유튜브 채널의 진기록을 세운 것이 있다. 영상 하나가 5억 4천만 조회수가 나오면서 우리나라 유튜브 조회수 전체 12위를 기록 중이다.

이 영상 덕에 외국에 나 가면 외국인들도 알아보는 유명인이 되었다.

어머니와 남이섬 여 행을 갔을 때였다. 외국인들이 관광을 많이 왔었는데, 어머니와 나를 알아보길래 신기했다. 엄마의 욕이 한류가 된 셈이다.

언어와 문화는 달라도 재미있는 영상 하나만으로 서로 연결되고 공감하게 된 것 같다.

필리핀 여행을 가서도 현지인들이 사인을 받으러 올 정도였다

베트남에서는 한국에서 온 관광객들에게 어머니가 둘러싸일 정도로 연예인 같은 인기를 얻기도 했다.

심지어 동대문시장에 옷사러 갔는데 베트남 커플들이 사진을 찍어 달라고 하였다 .

　필리핀에서는 마사지를 주로 받았다. 배를 타고 현지인들이 전복과 멍게를 따주어 소주도 한잔했다. 돌고래 쇼도 보러 가고, 쥬라기공원이라는 곳에도 갔다. 필리핀 한인타운에도 구독자가 많아서 함께 사진을 찍고 싶어 하는 사람들이 끊이지 않고 카메라를 들이밀었다.

　동남아시아 나라에서 "시부랄"이라는 유행어를 여러 번 듣고 나니 뭔가 기분이 묘하고 좋았다. 사람들의 호의와 관심 덕분에 즐거운 나날들이었다.

채널명은 세 번을 바꾸었다. 처음에는 내 이름을 따서 '안정필TV'라고 했다. 어머니와 처음으로 여행을 다니며 먹방을 찍게 되자 '70대 어머니와 떠나는 먹방 여행'으로 변경했고, 지금은 어머니에 중점을 두게 되면서 '이남형 할머니' 채널이 되었다.

아직 골드버튼을 아직 받기 전인 40만 구독자 유튜버였을 때, 어머니는 말했다.

"나중에 납골당에 실버 버튼을 넣어 줘."

고생을 많이 한 만큼 실버 버튼은 어머니에게 무척 소중한 것이었다.

이후로 유튜브를 열심히 해서 구독자가 더 많이 유입되었고, 순식간에 백만을 넘어섰다. 실버버튼도 소중했는데, 골드버튼까지 도달했다는 사실에 얼떨떨했다. 그리고 무엇보다도 어머니에게 골드버튼을 선물해줄 수 있다는 사실에 기뻤다. 어머니가 말한 납골당에 실버버튼이 아니라 골드버튼이 들어가는 상상도 해보았다.

그리고 이제는 백만을 넘어 천만 구독자를 넘기고, 다이아 버튼을 받아 어머니에게 드리는 것이 목표다.

채널이 성장한 덕분에 '서울시 대한민국 정책기자단'에 발탁되었다. 이후에는 문화체육관광부 장관상까지 수상했다. 서울경제진흥원 SBA 소속이 되었고, '올해의 크포상'이라는 서울시장상도 받았다. 이러한 과정들 속에서 공공의 이익을 목적으로 하는 지자체 사업에 자주 참여하기도 했다.

어머니와 함께 유튜버가 된 이후로, 자극적인 소재를 선택해서 돈을 많이 벌 수도 있었지만, 그러지 않은 선택이 이런 좋은 결과로 이어지게 되었던 것 같다.

계속해서 자극적인 영상으로 조회수를 올리는 것에만 열을 올리고, 그래서 돈을 많이 벌어 그것에 만족하고 말았다면, 나와 어머니에게 이런 좋은 일은 일어나지 않았을 것이다.

먹방으로 시작한 이유는 대중들이 원하는 콘텐츠였기 때문이다. 먹방을 하는 그 과정은 항상 노력이 배어있다. 그래서 음식은 항상 맛있게 먹을 수 있다. 덕분에 어머니는 유명 연예인들이 출연하는 예능에도 출연하셨다.

먹방을 위해 여기저기 다니다 보니 어머니가 코로나에 걸리기도 했다. 그래서 가슴이 아팠다. 그래도 어머니가 여전히 건강하고 여전히 씩씩해서 하루하루가 즐거운 것 같다.

"이 시부랄놈의 시키야!"

어머니의 욕도 여전하다.

욕쟁이 엄마가 노년에 인생 역전에 성공했다. 이제는 많은 사람들 앞에서 마이크를 잡고 강의도 하시는 멋진 엄마다.

골목식당 필동멸치국수 집에 촬영 갔을 때의 일이다. 홍콩에 서 오셨다는 손님 한 분이 맛있는 거 사잡수시라고 어머니에게 현금으로 오만 원을 건네시는 것이었다. 감사한 마음에 돈을 받기는 했지만 이게 뭔일인가 싶었다.

　　필동멸치국수 집이 폐업할 때 다시 촬영을 갔다. 그런데 우연히도 그때 그 손님을 다시 만나게 되었다. 미인이기도 했고, 인상이 좋은 분이었다. 촬영할 때마다 만난다는 것이 보통의 우연은 아니라고 생각했다. 그리고 그날도 오만 원을 주셨다. 오랜만에 만난 친척 어른에게 용돈을 받는 심정이었던 것 같다. 선의로 하는 행동이니 그저 재미있고 유쾌한 일이었다. 자신에게는 아는 사람들이 많으니 나중에 광고도 주시겠다고 말씀하셨던 것이 기억난다.

　　정말 다시 뵙고 싶은 분이다.

먹방을 촬영하며 정말 많은 음식을 경험했다. 맛집으로 소문 이 났지만 맛이 없는 경우도 종종 있었다. 그래도 한 번 난 소문 은 사람들에게 각인되어서 계속 손님을 불렀다. 줄 서 있는 모습 을 보며 또 다른 손님들이 찾아왔다. 사람들은 음식을 먹으며 오 감을 충족하고 싶어 하는 것 같다. 그래서 단순한 미각적 즐거움 외에도 다른 즐거움을 더 찾게 되는 것 같기도 하다. 과거 유명 씨름 선수였던 박광덕 사장님은 어머니와 가장 합이 잘 맞았던 것 같다. 코믹한 박광덕 사장님과 욕쟁이 엄마의 궁합은 제일 재미있었던 컨텐츠 중에 하나였다.

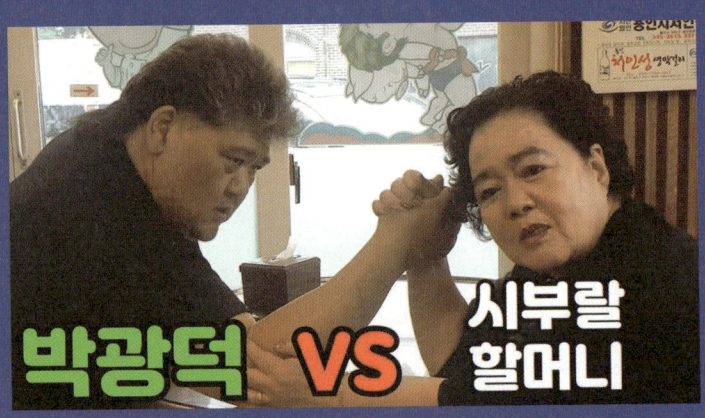

허경영 하늘궁 이야기도 정말 기억에 남는 에피소드다. 내 기억으로는 구독자가 몇 천 명일 때였다. 그 당시 하늘궁은 '빠니보틀'처럼 구독자 수백만의 메가급 여행 유튜버들만 찾을 수 있는 곳이었다. 구독자 수가 많지 않은 꼬마 유튜버들에게는 정말로 '궁'처럼 높은 장벽과 다름없었다. 하지만 나는 그곳에 가고 싶었다. 조회수가 잘 나오고, 당시에 큰 이슈를 몰고 다니던 인물로 콘텐츠를 만들게 되면 앞으로 많은 구독자들에게 관심을 받을 수 있을 것 같았기 때문이다.

구독자가 많지 않다는 것은 어찌 보면 자격지심 같은 것이었기에, 용기가 쉽게 나지 않았다. 그러나 마음을 단단히 먹고 무작정 수화기를 들어 하늘궁에 전화를 걸었다. 범상치 않은 목소리가 수화기 너머로 흘러나왔다. 긴장했고, 무슨말인가를 했는데 온전히 기억나지는 않았다. 내 말을 끝까지 경청한 수화기 너머 속 남자는 조금 부드러워진 어조로 "잘 들었어요. 검토해보고 연락드릴게요." 하고 말했다. 나중에 알게 된 사실이지만 전화를 받은 분은 허경영 총재의 보좌관이었다. 구독자는 많지 않았지만 70대 어머니와 유튜브를 하는 신선한 컨셉 때문이었는지 보좌관은 선뜻 스케줄을 잡아주었고, 촬영을 할 수 있게 되었다.

나는 이 기억에 남는 에피소드를 통하여 깨달음 하나를 얻었다.

'구독자가 얼마 없더라도, 겁부터 먹지 말고 무작정 들이대자!'

지금 생각해도 그때의 나 자신이 너무 대견하고 자랑스럽다.

장봉도 욕쟁이 식당에도 갔다. 다양한 매체에 소개되었기 때문에 많이 알려진 곳이었다. 그곳 사장님은 자녀를 먼저 저세상으로 보낸 충격으로 모든 일을 그만두고 세계 여행을 다니는 분이었다. 긍정적이고 배울 것이 많다고 느꼈다. 욕쟁이 엄마를 욕쟁이 식당에 모시고 간다는 상상력을 사람들이 좋게 봐주었던 것 같다. 사장님과 어머니의 욕 배틀도 너무 재미있게 영상에 담겼다. 그분의 명언이 아직도 기억에 남는다. 촬영을 마치고 가게 문을 닫지도 않은 채 어디론가 가셨다. 그래서 내가 여쭤봤다.

　　"어머니 가게 문 안 닫고 가세요?"

　　그 장봉도 욕쟁이 사장님께서 한 말씀을 하셨다.

　　"떠나면 이미 내 것이 아니여."

어머니와 이곳저곳 돌아다니는 일이 모두 추억이고 이렇게 영상으로 남기는 기록이 모두 값진 보물 같다. 어머니와 함께한 그동안의 모든 에피소드가 마음 속에 담겨 있다.

웃고, 울고.

당겨주고, 끌어주고.

카메라 앞에서 사랑하는 사람과 순간의 행복한 감정을 영원히 기록할 수 있다는 것이 유튜브의 매력이라고 나는 사람들에게 말해주고 싶다.

직장을 다니며 유튜브를 병행하다가 구독자가 12만 명쯤 모였을 때 일을 그만두었다. 유튜브로 버는 수입이 90만 원 정도였다. 내가 일했던 가전제품점 월급은 오백만 원에 가까웠기 때문에, 어려운 선택이었다.

예전에 개그맨 정현돈이 삼성전자를 그만두고 개그맨이 되었다는 사실이 방송에 알려지며 화제가 된 적이 있다. 그 또한 좋아하는 일을 하지 않고 좋은 직장에 남아 지금과 다른 삶을 살았다면 행복했을까? 알 수 없는 일이지만, 나는 정현돈과 같은 선택을 했다. 좋아하는 일을 하기로 마음먹은 것이다.

물론, 생각보다 쉽지 않았다. 고정적인 월급이 끊겼으니 당장 생활에 문제가 생기기도 했다. 나가는 돈은 많았는데 유튜브를 통한 수입은 여전히 적었다. 그래서 새벽 네 시에 여의도에 가서 엑스트라 보조출연을 하며 돈을 메꾸기도 했다. 그때는 너무 추웠다.

20만 유튜버가 드라마 보조출연 나가는 이유

하지만 다시 회사에 들어가기에는 너무 자존심이 상했다. 요즘 강의할 때 주로 이런 말을 많이 하곤 한다.

"유튜브 잘하고 싶으세요? 그럼, 미친놈처럼 하셔야 합니다. 미친놈처럼 열심히 안 하실 거면 수업도 안 들으시는 것이 좋습니다. 저보다 미친놈처럼 하실 각오로 하셔야 해요."

"왜냐고요? 저는 미친놈처럼 했거든요. 절실하게. 정말 사람이 지구의 핵 밑바닥까지 내려가다 보면 돈의 소중함도 알고 어렵게 가진 모든 것들을 소중하게 여기게 되더라고요."

사람 죽으라는 법 없다고, 힘든 과정 다 겪고 나니 점점 좋은 환경이 만들어졌다. 해가 뜨기 전이 가장 어둡다는 말처럼. 그렇게 견뎠고, 지금의 내가 되었다.

　어머니는 옷 장사로 바쁜 와중에서도 살림까지 꼼꼼히 챙기시며 사셨다. 더러운 꼴은 보지 못할 만큼 완벽주의자였다. 저녁 늦게까지 술을 드시는 날에는 피곤하실 텐데도 설거지를 밀리지 않고 무조건 완료해 놓고 주무신다.

　어머니는 정(情)에 약하다. 보이는 것보다 사람들에게 더 친근하게 다가가시는 성격이다. 지금까지 살아오시며 남을 속이거나 피해 끼친 적이 한 번도 없다. 내 어머니라서 하는 말이 아니다. 겉으로는 강해보여도 속은 매우 여리고 겁도 많은 분이다. 그리고 거짓 없이 너무 솔직해서 나도 가끔씩 새삼스럽게 놀라기도 한다

　"기다려, 이 시부랄 시키야!"

　아버지를 만나러 가는 날. 시간이 늦었다며 재촉하는 아들에게 오늘도 어머니는 어김없이 시원하게 욕을 날리신다. 손거울 을 보며 화장을 고치고 머

리를 손질하는데 시간을 많이 쓰신다. 사는 것이 바쁘다는 핑계로 자주 찾아뵙지 못하던 아버지를 오랜만에 찾는 날. 어머니도 꽃단장을 하신다.

"1분만 기다려"

리고 말해놓고서 10분을 기다리게 하신다.

그런 어머니를 보며 나는 말한다.

"아버지가 엄마 보면 반하겠네."

구독자 10만이 넘어 실버버튼을 받았던, 몇 년 전의 일이었다. 유튜브에서 실버버튼을 받으면 아버지 앞에서 처음 열어보고 싶었다. 내가 오래도록 꿈꾸어왔던 일이었고, 그래서 어머니도 더욱 설레는 날이었을 것이다.

아버지는 예전에 오징어와 진로 소주를 좋아하셨다. 오랜만에 소주를 따라드리고 안주로 오징어를 준비한다. 아버지가 계신 곳은 추모 공원이다. 다세대주택 같은 곳이라서 아버지를 만나기 위해서는 커다란 비석 같은 곳으로 가야 한다. 그 앞에서 소포를 받은 채로 아직 뜯지 않은 유튜브 실버버튼 상자를 열었다.

"기념비적인 구독자 수를 달성하신 것을 축하드립니다. 달성하신 구독자 목표를 기념하실 수 있도록 상패로서 그간의 노고를 치하하는 바입니다. 앞으로도 뛰어난 활약을 기대합니다."

- Zack 드림.

처음 받아보는 실버버튼은 무게감이 있었다. 반짝반짝 빛나는 것이 너무 영광스러웠다. '70대 어머니와 떠나는 먹방 여행'이 라는 글씨가 새겨져 있었다. 어머니에게 어떤 말이든 소감을 물었는데, 평소와 다르게 아무 말도 하지 않으셨다. 가만히 그것을 내려다보셨다. 그동안 먹방을 촬영하기 위해 많은 곳을 돌아다녔던 생각들이 주마등처럼 스쳐 지나갔다. 어머니의 고생에 대한 값진 보상이었다.

처음 영상을 올리기 시작했을 때 구독자들이 아버지는 어디 있느냐고 많이 물어봤었다. 그래서 구독자 10만이 되면 아버지 를 공개하겠다고 사람들에게 약속했다. 아버지는 지금으로부터 25년 전인, 내가 중학교 2학년 때 돌아가셨다. 어머니는 옷장사를 혼자 하시며 두 아들을 키우셨다. 고생을 많이 하셨다.

처음 유튜브를 시작할 때 나는 직장 생활을 하고 있었다. 그러나 10만이고 100만이고 될 자신이 있었다. 어머니랑 함께 할 수 있다는 것이 좋았고, 자신감도 더 생겼다.

옛날의 모습이 담긴 비디오카메라 영상을 구독자들에게 보여주니 우리 집이 잘살았느냐고 물어보는 사람이 많았다. 과거에는 필름 사진기 하나도 상당히 비싸던 시절이었으니까. 그러나 우리 집이 부유하게 살았던 것은 아니었고, 아버지의 직업이 비디오카메라로 예식장을 다니며 촬영하는 것이었다.

어머니도 팔자가 참 재미있는 것이, 아버지가 젊은 시절의 어머니를 촬영했던 것처럼 이제는 내가 노년이 된 어머니를 촬영해 주고 있다. 뭔가, 어머니가 카메라 운명인 것 같다는 생각도 든다.

실버버튼은 아버지에게 가장 먼저 드리고 싶었다. 그 목표를 이루는 데까지 3년의 시간이 흘렀다.

그동안 고생하신 어머니를 하늘나라 구름 뒤에서 어여쁘게 바라보시며 좋아하고 기뻐하고 계실 아버지를 생각하니 나도 모르게 눈물이 났다. 행복은 멀리 있지 않다. 나도 어머니에게 평소에는 '사랑해'라는 말을 잘하지 못한다. 그래도 여러분들은 자신의 곁에서 행복이 되어 주는 사람들을 위하여 '사랑해'라는 말을 더 많이 했으면 좋겠다. 특히 부모님에게 더 많이 말해주었으면 한다. 때를 놓치면 나중에는 하고 싶어도 하지 못하는 말이 될 수도 있으니까.

엄마, 사랑해!

부록

악플을 두려워하지 마세요

어머니는 70대 유튜버입니다. 적지 않은 나이죠. 유튜브를 보는 사람들한 테는 그저 재미있는 콘텐츠일 수도 있지만, 어머니에게는 그보다 훨씬 큰 의 미입니다. 어쩌면 삶의 중요한 도전일 수 있습니다. 매일 같이 수많은 콘텐 츠가 쏟아지는 세상에서, 어머니의 이야기는 그냥 흘려보낼 수 있는 게 아닙 니다. 하나하나가 소중한 기록이에요. 그래서 유튜브에서 미처 보여주지 못 했던 어머니의 삶을 책으로 남기고 싶었습니다.

'70대 유튜버 이남형'의 이야기를 읽으며 누군가는 공감하고, 누군가는 새로운 도전을 꿈꿀 수도 있겠죠. 굴곡진 인생을 살아오신 어머니가 유튜버 로 새로운 삶을 살고 있다는 것 자체가 누군가에게는 희망이 될 수도 있을 겁 니다. 그래서 저는 어르신들께 유튜브를 꼭 시작해 보시라고 추천하고 싶어요. 우리는 흔히 노인을 '약한 사람'이라고 생각하지만, 사실 어르신들은 우리가 살아보지 못한 시대를 살아오신 분들입니다. 그 자체로 신비로운 존재들이죠. 그래서 공경해야 마땅하고요. 그런 분들이 유튜브라는 플랫폼을 통해 새로운 희망을 찾고, 자신의 이야기를 기록으로 남긴다면 얼마나 멋진 일입니까? 무엇보다도, 유튜브는 외로움을 덜어주고 정신건강에도 좋은 영향을 줄 수 있습니다. 그래서 어머니의 이야기를 담은 이 책에, 독자들을 위한 부록으로 유튜브에 대한 짧은 강의를 담습니다.

유튜브는 기존의 매스미디어와 다릅니다. 시청자가 곧 창작자가 될 수 있죠. 누구나 마음만 먹으면 콘텐츠를 만들 수 있습니다. 하지만 방법을 몰라서 시작을 못 하는 분들이 많아요. 저는 그런 분들에게 실질적인 도움이 되고 싶었습니다. 그래서 나의 이 짧은 강의는 유튜브에 대한 구체적이고 실용적인 내용을 담고 있기에 비단 어르신들뿐만이 아니라 나이와 상관없이 모두에게 유용할 수 있습니다.

유튜브 강의 요청 메일 : donghoman2@gmail.com

시중에는 이미 유튜브 잘하는 방법을 담은 책들이 많이 있습니다. 그러나 사람들이 책을 읽고 공통으로 하는 이야기가 있습니다. 책에는 자세하게 많은 정보가 들어있는 것 같지만, 정작 자신에게 도움이 될만한 내용을 발견하지 못했다는 것입니다. 반면에 나는 강의를 할 때마다 내가 직접 겪은 실전 경험을 통해서 요점만을 이야기하기 때문에, 사람들에게 직접적인 도움이 될 수 있습니다. 사실, 어머니와 유튜브를 시작하며 느낀 것이 너무 많습니다. 어쩌면 유튜브가 세상을 이롭게 할 수도 있겠다는 믿음은 유튜브를 통해 여전히 건강을 유지하고 계신 어머니를 보며 더욱 굳건해지기도 합니다. 그래서 나는 평소에도 어르신들이 유튜브를 꼭 했으면 좋겠다고 주변에 말하고 다닙니다.

유튜브는 추억을 저장할 수 있는 가장 안전한 무료 저장소다

저는 지금까지 수많은 유튜브 강의를 해왔고, 네이버에서 제 이름을 검색하면 정식 강사로도 등록돼 있습니다. 한국생산성본부에서 강사 자격증을 취득하기도 했죠.

남는 건 사진이다. 어르신들이 자주 하시는 이야기입니다. 여행 가서 멋진 사진을 남기는 건 예전 필름 카메라 시절이나 지금이나 똑같아요. 그런데 이제는 사진보다 더 생생한 영상을 찍을 수 있는 시대 아닙니까? 그 영상을 유튜브에 올리면, 그게 바로 유튜버입니다. 별거 아니에요.

스마트폰은 용량에 한계가 있습니다. 클라우드나 외장하드에 보관하려면 비용을 내야 하지만, 유튜브는 무료입니다. 개인 채널을 만들고 영상을 올리면 반영구적으로 저장할 수 있어요.

옛날 아버지도 비디오카메라로 촬영하던 시절이라 영상을 많이 남기지 못한 측면이 있습니다. 그렇게 영상 기록을 좋아하시던 아버지이고, 옛날의 많은 장면을 기록으로 남기셨지만, 지금에 와서 보면 그렇게 많다고 여겨지지 않습니다. 유튜브가 있었다면, 비싼 비디오테이프에 대한 부담 없이 촬영하고 싶은 만큼, 원하는 분량을 촬영했을 텐데 말입니다.

그리고 유튜브에는 '일부 공개' 기능이 있어서 가족끼리만 영상을 공유할 수도 있어요. "나는 내 사생활이 노출되는 게 싫어서 유튜브를 못 하겠어요." 이런 말도 자주 듣는데, '일부 공개' 기능을 활용하면 해결됩니다. 다른 사람한테 안 보이니까, 사실상 유튜브가 가장 안전한 개인 저장소가 되는 거예요. 이제는 누구나 스마트폰을 가지고 있기에, 스마트폰 카메라로 촬영하고, 언제든지 돈 들이지 않고 쉽게 업로드만 하면 끝입니다. 가족들끼리 쉽게 링크로 공유하고 감상할 수 있습니다.

실전 경험을 통해 얻은 값진 결과

유튜브 노하우를 알려주는 책들이 많지만, 정작 구독자 100만 명 이상을 보유한 유튜버가 쓴 책은 거의 없습니다. 대부분 기술적인 내용만 가득하죠. 요즘 초등학생들이 제일 되고 싶어 하는 직업이 유튜버라고 합니다. 그만큼 유튜브가 대세죠. 그런데 실전 경험 없이 이론만 가득한 책은 별로 도움이 안 됩니다. 저는 구독자 100만을 넘길 때까지 어머니와 단둘이 여행하며 기획, 촬영, 편집까지 5년 동안 혼자 다 해왔습니다. 그런 경험을 바탕으로 말씀드리는 겁니다.

기술적인 이야기가 아닙니다. 실전에서 많은 실수를 했던 것중 제일 중요한 부분이라 생각한걸 말씀 드리자면, 별거 아닌거 같으면서 중요한게 먹방 촬영을 갈때도 오디오나 핸드폰의 녹화 버튼을 누르지 않고 촬영하는 경우가 정말 많습니다. 또한 미리 배터리 충전해두지 않아 꺼진경우도 많습니다. 정말 기초적인 내용이지만 지켜지지 않는 일들이 많습니다. 꼭 명심하세요!

악플을 두려워하지 마세요

사회생활을 하기 위해서는 어쩔 수 없이 사람들과 관계를 유지해야 하고, 그 과정에서 간혹 상처받는 일을 겪기도 합니다. 그런데 온라인에서는 그 강도가 더 세죠. 익명 뒤에 숨어서 남을 공격하는 사람이 많습니다.

불특정 다수가 시청하는 유튜버에는 수많은 댓글이 달리게 됩니다. 한 무리의 군중이 한꺼번에 나에게 달려들어 소리를 지르는 것처럼 느껴지기도 합니다. 군중 안에는 간혹 심한 욕설과 모욕을 주는 사람들도 있을 수 있습니다. 우리는 그것을 '악플'이라고 부릅니다. 악플을 한 번 경험한 사람은 정말 멘탈이 탈탈 털리는 경험을 하게 됩니다. 유튜브를 시작한 지 얼마 되지 않은 분들에게는 악플이 잘 달리지 않지만, 조회수가 많이 나오기 시작하면서부터는 정말 수많은 악플과 마주해야만 하는 상황이 생깁니다. 내 영상에 대한 사람들마다의 기준이 서로 다르기에 어쩔 수 없는 일이기도 합니다. 어머니에겐 유행어가 있습니다.

"이 시부랄 시키야!"

이 자극적인 어휘로 인해 초반에는 정말 많은 악플이 달렸습니다. "노인이 돼서 욕을 하냐?" "저급하다." "돈 벌려고 욕하냐?" 심지어 협박까지 하는 사람들도 있었습니다. 몇백만에서 천만 이상 조회수가 나온 영상에는 헤아릴 수 없는 양의 악플이 달리기도 했습니다. 물론, 그만큼 어머니를 따뜻하게 바라봐주고 응원하는 댓글도 그와 비례하게 많았습니다.

어머니와 저는 고민이 많았습니다. "이 유행어를 포기할까?" "채널을 아예 지우고 다시 시작할까?

하지만 지금은 공공기관에서도 저희 콘텐츠를 인정해주셔서 어머니는 서울시장상, 문화체육관광부장관상까지 받으셨습니다. 지자체에서도 촬영 요청이 많이 들어옵니다. 5억 4천만 뷰가 나온 영상이 있습니다. 어머니와 탁구공 게임을 하는 영상인데, 이 영상도 마찬가지로 어머니의 유행어가 있었기 때문에 재미가 더해진 것입니다. 해외 시청자들은 뜻을 정확히 모르지만, 부모와 자식 간의 유쾌한 분위기를 그대로 느꼈던 것 같습니다. 악플은 익명 뒤에 숨어 아무 말이나 하는 사람들의 습관일 뿐입니다. 또는 개인적인 열등감 때문일 수도 있어요.

그러니까 악플을 두려워하지 마세요. 그냥 삭제하면 됩니다. 요즘은 신고

기능도 잘되어 있습니다. 하지만 시간이 아깝다는 생각을 가지며 그냥 삭제하는 것을 추천합니다.

군중 안에 섞여서 아무렇게나 내뱉는 사람들의 말에 상처받을 필요는 없는 것이니까요. 악플이 많아지는 건 그만큼 내가 잘되고 있다는 증거입니다.

조회수와 악플 수는 비례하거든요.

악플이 달리기 시작하면, 그것은 어쩌면 좋은 징조라고 나는 생각합니다.

선택받은 알고리즘?

유튜브 알고리즘이란, 컴퓨터가 사용자의 데이터(시청 기록, 검색 기록 등)를 분석해서 사용자에게 적합한 콘텐츠를 제공하는 체계를 의미합니다. 다시 말해서, 내가 좋아하는 것들을 미리 알고 그 취향에 맞춰 채널이나 영상을 추천해 주는 것입니다. 그뿐만 아니라, 다른 사람들에게 인기 있는 영상도 추천받게 되는데, 이 모든 것을 알고리즘이라 부릅니다.

알고리즘에 의해 선택받는 방법은 간단합니다. 영상을 재미있게 잘 만들면 된다. 서울대 가는 방법은 공부를 잘하면 됩니다. 마찬가지로, 유튜브 알고리즘에 선택받기 위해서는 영상을 잘 만들기만 하면 되는 것입니다.

"알고리즘이 저를 버렸어요."

"이 채널은 망했어요."

내 강의를 듣는 학생들은 종종 이런 푸념을 하곤 합니다.

그런데 만약, 내일 아침 배우 원빈이 갑자기 방송에 출연하게 된다면 어떨까요. 장담하는데 100만. 아니, 1000만의 조회수가 나올 수 있을 것입니다.

원빈은 유명한 배우이지만 영화 '아저씨'나 '마더' 이후로 대중들에게 쉽게 모습을 드러내지 않고 있죠. 이미 그에게는 신비주의 배우라는 타이틀이 붙어 있는데, 더욱이 유튜브 방송에 출연할 일도 없을 것입니다. 그런데 그런 원빈이 출연하는 방송을 사람들이 과연 외면할까요? 평소 조회수도 잘 나오지 않는 '버림받은', '망가진' 채널이라고 해서 원빈의 영상이 외면받지 않을 것이라는 사실을 우리는 잘 알고 있습니다.

정답은 바로 그것입니다. 재미있으면 무조건 '간다'라는 사실입니다.

그러나 원빈이 출연해주는 영광스러운 행운을 얻는다 하더라도, 그것은 나의 실력과 나의 캐릭터로 만들어낸 조회수가 아니니 채널의 미래와 발전 가능성에는 전혀 도움이 되지 않습니다. 그렇기에 일관성 있는 채널을 만들어야 합니다. 그렇게 콘텐츠를 차곡차곡 쌓다 보면 언젠가는 알고리즘에 의해 선택받는 날이 오게 될 것입니다.

챕터 5.
주제는 일관성 있게!

중구난방이면 사람들이 안 봅니다.

자신이 순댓국집을 운영하고 있다고 생각해봅시다. 평소 순댓국을 좋아했고, 그래서 장사를 시작했을 것입니다. 그런데 막상 장사를 시작해 보니 여러 가지 현실적인 어려움이 생깁니다. 그래서 조급한 마음에 김치 순댓국 신메뉴를 개발해서 판매하게 됩니다. 익숙하지 않은 메뉴라 장사에 별 도움은 되지 않습니다. 그러면 사람들이 좋아할 만한 다른 메뉴를 이것저것 추가하게 될 것입니다. 돈가스도 팔아보고, 여름철에는 냉면도 팔아보고, 겨울이되면 초밥도 팔아보고, 그러다 결국 순댓국집도 이도 저도 아닌 애매한 식당으로 사람들에게 인식되어 곧 장사를 접게 되고 말 것이다.

내가 하려고 하는 이야기는 바로 그것입니다. 순댓국을 먹기 위해 식당을 찾은 사람들은 전혀 어울리지 않는 생뚱맞은 메뉴들을 보고 머리를 긁적이게 되지 않을까요. 그것은 우리가 전문성이 떨어지는 가게에 가고 싶지 않은 이치와 같습니다. 동네마다 하나씩 있는 평범한 분식집에서 먹는 돈가스와 전문점에서 먹는 돈가스의 맛에는 당연히 차이가 있을 수밖에 없습니다.

유튜브도 마찬가지입니다.

내가 반려동물 일상을 찍는 채널을 운영한다고 가정해 볼게요. 그런데 조회수가 안 나온다고 해서 갑자기 맛집 영상 올리고, 등산 영상 올리고, 뜬금없이 라이딩 영상 올린다? 그러면 유튜브 알고리즘도 "이 채널을 누구한테 추천해야 하지?" 하고 혼란에 빠지게 됩니다. 결국 내 채널은 유튜브가 추천할 수 없는 채널이 되어버리는 것이죠.

그냥 잡다한 영상 창고가 되는 겁니다.

순댓국 장사를 시작했다면, 순댓국 하나로 승부를 봐야 합니다.

유튜브도 마찬가지예요.

이것저것 해보다가 나에게 맞는 것을 발견하게 되면 그것으로 유튜브 해야지, 하고 말하는 분들에게 나는 "그것은 정말 잘못된 생각입니다."라고 강조해서 말해주고 싶습니다

다음 영상이 뭐가 올라올지 예측할 수 있는 채널이어야 사람들이 부담 없이 구독 버튼을 누릅니다.

일관성 있는 채널을 만들 것!

이 말에 꼭 밑줄을 그어주세요.

지속 시청 시간

일관성 있는 콘텐츠로 꾸준히 채널을 운영했다면, 그다음으로 신경 써야 할 게 '지속 시청 시간'(유튜브 알고리즘이 가장 중요하게 보는 지표)입니다.

예를 들어, 내가 유튜브에서 영상을 하나 봤다고 해볼게요.

이 영상이 재미있거나, 정말 유익한 정보라면 끝까지 보겠죠. 그런데 별로다 싶으면 중간에 꺼버립니다.

유튜브는 이걸 다 체크합니다.

"이 영상, 사람들이 끝까지 안 보네? 별로인가 보다."

그럼 어떻게 될까요? 유튜브가 다른 사람들에게 추천을 안 합니다.

반대로 사람들이 오래 보는 영상은 유튜브가 '좋은 영상'이라고 판단하고 더 많이 노출시킵니다.

즉, "지속 시청 시간"이 중요한 이유는, 이것이 유튜브 알고리즘이 영상을 추천하는 기준이기 때문이에요.

보통 영상의 지속 시청 시간이 30%를 넘기면 '떡상' 가능성이 높아집니다. 그러니까 사람들이 오래 볼 수 있는 영상을 만들어야 합니다.이게 잘되면, 조회수 100만 넘기는 것도 실제로 가능합니다.

챕터 7.

섬네일, 태그, 채널명

앞서 말한 대로 재미있고 유익한 영상을 만들었는데, 누구도 그 영상을 클릭하지 않는다면 공들여 영상을 만든 의미가 없을 것입니다. 맛있는 순댓국을 만들었는데, 아무도 주문하지 않는다면 그것이 무슨 소용이겠습니까. 내가 정말 노래를 잘하는데, 아무도 나에게 노래 부를 기회를 주지 않는다면 또 무슨 소용이겠습니까. 일단 선택을 받는 것이 중요한 이유입니다.

본래 엄지손톱이라는 의미를 지닌 '섬네일(thumbnail)'은 영상의 내용을 미리 확인할 수 있도록 제작된 작은 크기의 견본 이미지를 말합니다. 엄지손톱처럼 작게 축소했다는 뜻에서 사용되기 시작한 이름입니다.

1. 섬네일 : '어그로'가 필요하다

섬네일은 엄지손톱(thumbnail)처럼 작은 미리보기 이미지를 뜻하는 단어에서 유래되었어요.

유튜브에서는 영상의 주제와 내용을 미리 한눈에 보여줘야 하니까, 섬네일이 중요합니다. 맞습니다. 섬네일은 어그로가 필요합니다.

하지만 여기서 중요한 게, 지나치게 자극적인 섬네일을 쓰면 오히려 독이 된다는 것입니다.

예를 들어, 섬네일에 '대참사!'라고 써놓고, 실제 영상은 별거 아니면?

자극적인 이미지로 만들어서 선택받는 데까지 성공했다고 하더라도 정작 영상을 시청해 보니 그것과 아무런 상관이 없는 내용이었다면 사람들은 아마도 자신들이 사기당했다고 생각하게 될 것입니다. 그리고 어쩌면 악플이 달리게 될지도 모르죠.

그러면 지속 시청 시간이 죽어버리지 않을까요. 영상을 끝까지 시청하지 않고 중간에 나가 버리면 알고리즘에 선택받을 기회도 사라지고, 그야말로 최악의 영상으로 남게 될 것입니다.

그러니까 영상 내용과 연결된 섬네일을 만들어야 합니다.

섬네일은 크게 두 가지 스타일이 있습니다. 난잡하지 않고, 텍스트가 없는 직관적인 이미지의 섬네일, 누가 보아도 어떤 채널인지 단번에 알아차릴 수 있도록 구상된 일관성 있는 섬네일. 주로 색상이나 유사성을 통해서 이런 일관성을 만들어낼 수 있습니다. 다음 페이지에 나오는 이미지는 내가 만든 섬네일을 예시로 가져와 본 것입니다.

2. 태그: 몇 개까지 넣어야 할까?

내 강의를 수강하는 분들이 가장 많이 하는 질문은 태그는 몇 개까지 넣어야 하는지에 관한 것입니다. 정답부터 말하면, 3~8개가 적당합니다.

태그를 많이 넣으면 검색에 유리할 거라고 생각하는 분들이 많은데, 사실 아닙니다. 태그의 역할은 단순히 오타를 보완하는 정도라고 보면 돼요.

예를 들어, 내 영상이 "순댓국 맛집" 영상이라면, "순댓국" "순대국" (오타 대비) "맛집 추천" 이런 식으로 넣으면 됩니다. 과하게 많이 넣을 필요 없습니다.

3. 채널명: 짧고 강렬하게!

채널명은 길면 안 됩니다.

처음에 저도 "안정필TV" → "70대 어머니와 떠나는 먹방여행" → "이남형 할머니"이렇게 바꿨습니다.

왜냐하면 "70대 어머니와 떠나는 먹방여행"은 너무 길어서, 사람들이 기억을 못 해요.

누가 부르기 편한 채널명이어야 합니다.

짧고 강렬한 게 좋습니다.

그렇다고 너무 흔한 이름을 지으면 안 됩니다.

제가 초보시절 친한 개그맨 동생이랑 채널명을 어느 회사 과자 이름이랑 똑같이 했는데 유튜브에 채널을 검색하면 과자만 나오더라구요. 너무 흔한 단어는 피하세요!

사람들이 검색했을 때 내 채널이 딱 뜰 수 있는 이름이 좋아요.

채널명을 정하는 데 시간을 많이 써도 됩니다. 왜냐하면, 한 번 정하면 바꾸기가 어렵거든요.

보통 14일이내 3번은 채널명 변경 가능하니 신중하게 바꿔주세요.

챕터 8.
쇼츠가 대세
영상 길이는 얼마가 적당할까?

2024년도부터 '쇼츠 3분' 시대가 시작되었습니다.

우리가 알고 있는 쇼츠는 '1분 이내의 영상'이었습니다. 하지만 이제 3분까지 만들 수 있게 된 것이에요. 짧게 짧게 넘기던 것에서 이제 조금 더 오래 머물 수 있는 겁니다.

그러면 영상을 길게 만들어야 하나?? 궁금해하실 텐데요.

앞서 말씀드린 것처럼 1분이든 3분이든 재미있기만 하면 됩니다. 그렇게 평균 시청 시간을 길게 끌고 갈 수 있으면 퍼펙트입니다.

하지만 아직은 1분 이내의 영상이 평균 시청 시간을 위해서는 유리한 것이 맞습니다. 3분 동안 시청자를 오래 붙잡고 있는 것이 생각보다 쉽지 않거든요.

이 책을 보시는 분들은 대부분 초보 입문자일 확률이 높기 때문에, 1분 이내의 쇼츠 만드는 것을 추천해 드립니다!

결론적으로 영상 시간을 미리 정해 두고 제작하는 것보다 영상을 먼저 제작한 뒤 시간을 조율하는 연습을 하시는 것이 더 좋습니다. 3분짜리 영상을 만들어서 타이트 하게 임팩트있게 재미있게 2분내외로 줄이는 연습도 중요하다는 거지요!

3분짜리가 정말 떡상할만큼 재미있다면 상관없긴 하죠!

챕터 9.

이미 올린 영상들은
다시 재업로드를 해도 될까?

바로 알려드리겠습니다!

정답이 없습니다!

스팸으로 간주 되면 어쩌나, 중복이 되기 때문에 지워지는 것은 아닐까, 등 걱정과 우려를 많이 하시곤 하는데요.

제가 직접 테스트를 해보았습니다. 스팸으로 간주 된 적이 한 번도 없었습니다.

굳이 영상을 바꾸거나 하지 않고, 다시 영상을 올려도 재미와 정보성이 있다면 조회수에는 전혀 상관없습니다!

유튜브 알고리즘에 대해서는 유튜브에서조차도 정확한 답을 말해주지 않고 있습니다. 그렇기에 제가 직접 경험해본 것을 말씀드리는 거예요.

팁을 드리겠습니다. 올렸던 영상을 다시 올려야 한다면 다음과 같은 방법을 사용하시면 됩니다. 첫째, 다시편집하고 인코팅 해서 업로드 하는 방법. 둘째, 중간 부분에 일부 또는 1초 정도로 최소만 자른 다음, 영상을 다시 인코딩해서 올리는 방법입니다. 그러면 유튜브는 새로운 영상으로 인식하는 것 같습니다. 이것은 오로지 제 경험담입니다.

다시 한 번 말씀드리지만, 유튜브가 공식적으로 말한 '알고리즘의 답'은 없습니다!

챕터 10.
자막은 꼭 넣어야 하나요?

이것 또한 정답이 없습니다.

하지만 저는 자막 넣는 것을 추천하려고 합니다.

한 예를 들어보겠습니다. 화장실이든 지하철이든 이어폰을 착용하지 않은 분들이 영상을 볼 때는 당연히 소리를 들을 수 없으니 자막에 의존해야겠죠. 이런 분들까지 영상을 볼 수 있도록 하려면 자막은 거의 필수이고 정말 넣어야 하는 것이 맞습니다.

하지만 편집을 한 번이라도 해본 분들은 자막 넣는 것이 얼마나 귀찮고 짜증 나는 일인지 알고 있을 거예요.

저 또한 편집을 5년 이상 하고 있지만 자막은 역시나 힘듭니다.

하지만 저는 되도록 자막 넣는 것을 추천해 드려요.

어느 순간 저는 그런 생각이 들었습니다.

청각 장애인 분들이 나의 영상을 우연히 봤는데 자막이 없어서 보지 못한다면 너무 죄송할 것 같았습니다. 그래서 저는 한글 자막은 필수로 넣고 심지어 영어 자막은 거의 다 넣습니다.

페이스북, 틱톡, 인스타그램은 외국인 시청자가 볼 확률이 굉장히 높으니 영어 자막도 넣기 시작하면 언젠가는 알고리즘이 대박 터져서 내 영상이 전 세계로 뻗어 나가는 날이 꼭 올겁니다!

그렇다면
유튜브 장비 준비는 어떻게?

저는 2018년 11월에 첫 영상을 업로드했어요.

하지만 영상을 곧바로 비공개 처리해야만 했답니다.

제가 봐도 너무 재미가 없었거든요.

그리고 본격적으로 영상을 공개한 것은 2019년 1월입니다.

그때 장비는 갤럭시 노트8 핸드폰이었습니다.

그 외에는 소니 녹음기 1개 뿐이었죠.

저는 영상을 만들 때 가장 중요한 순서는

기획 〉 오디오 〉 화질

이라고 생각합니다.

계속 말씀드리지만 재미있으면 됩니다. 기획이 재미있는 것이 가장 중요합니다. 수십 억의 제작비를 들여서 촬영하는 헐리우드 영화도 기획에 재미없으면 보고싶지 않은 것과 마찬가지입니다.

기획 다음에는 오디오입니다.

일단 '들려야' 합니다. 무슨 말인지는 알아야 웃든 울든 하지 않을까요?

화질은 그 다음이면 됩니다.

앞서 말씀드렸지만, 영화배우 원빈이 옛날 핸드폰 초창기 모델로 촬영해서 유튜브를 시작한다고 생각해 보자구요. 화질이 좋지 않아도 영화배우 원빈이면 무조건 떡상할 것입니다.

다시 말해서, 화질과 오디오가 좋지 않아도 기획만 좋으면 된다는 거에요!

이제 조금 이해하셨나요?

저는 화질 좋은 카메라는 필요 없다고 생각해요. 처음부터 너무 부담 갖지 마세요.

요즘 스마트폰 화질로도 충분합니다!

그다음, 마이크 또는 녹음기를 구매하셔서 시작하셔도 좋습니다.

저도 유튜브 3년 동안 핸드폰으로 촬영하고 그다음에는 초보용 저가 DSLR 카메라를 구매해서 사용했답니다.

지금은 고급의 고가 DSLR 카메라를 사용하고 있지만, 나중에 어느 정도 유튜브 자리잡히고 나서 카메라를 사시면 돼요. 전혀 부담 갖지 말고 시작하라는 것이 제 개인적인 의견입니다.

스마트폰과 마이크 또는 녹음기 하나만으로도 충분히 시작할 수 있습니다. 삼각대는 3만 원에서 8만 원 이하 가격대를 추천해 드립니다. 만약 스마트폰 전용 삼각대들을 구매하실 생각이시면 우선 높이를 잘보세요. 스마트폰 삼각대는 너무 낮아서 사용에 제한이 있기 때문입니다.

챕터 12.
성공하고 싶다면 채널들을 분석해라

내가 하고 싶은 것을 하기 위해서는 벤치마킹이 필요합니다.

내가 하고자 하는 분야의 상위 10위 안에 들어가는 유튜버들의 영상을 지속적으로 관찰하며 그들의 편집기법, 카메라 촬영 각도, 대사 등을 거의 복붙하듯이 따라서 한다고 생각하며 시작하는 것이 필요합니다.

완전히 그 사람을 모방하라는 것은 아니지만, 성공할 수밖에 없는 모범 답안지를 보고 근사치까지 가도록 만들다 보면 어느새 자신의 실력이 늘어나 있는 것을 깨닫게 될 거예요.

그러면 감도 잡히고 연습도 더 잘하게 되면서 나만의 캐릭터를 찾아가실 수 있을 겁니다.

채널을 분석할 때는 댓글을 보시면 됩니다.

왜 사람들이 그 채널에 열광하는지는 그곳에 모두 정답이 들어있습니다. 그러면 동시에 내 채널의 문제점도 보이기 시작합니다.

'내가 어떻게 저 사람을 따라잡겠어.'

이런 패배의식 갖지 마시고 한 단계, 한 단계 오르다 보면 이 책을 읽는 당신이야말로 언젠가는 100만 명의 구독자를 보유한 인기 유튜버가 되어 있으실 겁니다. 저는 그렇게 믿어 의심치 않아요.

시작이 반이라고 하잖아요. 노력 없는 성공은 없습니다.

실패를 거치지 않는 큰 성공도 당연히 없습니다.

제가 여러분을 응원하고 있겠습니다.

편집 프로그램은?

편집 프로그램은 다양하게 많이 있습니다. 저는 어도비 제품인 '프리미어 프로' 프로그램을 사용하고 있습니다. 하지만, 이런 전문적인 프로그램이 아니어도 됩니다.

요즘은 휴대폰 편집프로그램들도 너무 잘 되어있으니까요.

오히려 쇼츠 기반의 영상은 휴대폰을 통해 편집하는 것이 더 유리할 수 있어요.

긴 영상의 편집은 앞서 말씀드린 '프리미어프로'나 '캡컷 PC버젼'으로 시작하시면 됩니다.

이런 프로그램들이 초반에는 어려울 수 있겠지만 나중에 시간이 지나면 내가 표현하고 싶은 고급 스킬을 더 자유자재로 사용하실 수 있기 때문에 더 편하다고 생각되실 거예요.

정리하자면, 쇼츠는 핸드폰 프로그램으로. 긴 영상과 다양한 편집 연출은 PC 프로그램으로.

유튜브 수익의 구조

유튜브 강의를 우연히 들어보신 분들은 '월 삼천만 원 수익'이라는 자극적인 문구를 보셨겠지만, 결론부터 말씀드리자면, 그것은 상위 1%의 극소수에만 해당하는 것입니다.

자신의 브랜딩을 위해 유튜브를 하시는 분들에게는 수익에 큰 미련이 없겠지만, 월 천만 원의 수익을 상상하시는 분들에게는 정말 어렵다고 말씀드리고 싶어요. 그 수익을 위해서는 정말 어마어마한 조회수가 나와야 하기 때문이죠.

그래서 현실적인 방법은 광고입니다. 조회수가 어느 정도 나와준다면 광고주에게는 매력적인 홍보 선택지가 될 테니까요.

'월 천만 원 수익'이라는 말에 현혹되지 않으셨으면 좋겠어요.

차근차근 자신의 이야기를 쌓아가는 것이 좋다고 봅니다.

그러다 보면 정말 큰 수익이 실현될 수 있을 것이라고 저는 생각합니다.

단 5초안에 승부를 봐라

저도 쇼츠나 릴스를 볼 때 재미없으면 바로 넘겨버립니다.

'왜 안 보는 걸까?'

아마도 영상을 보는 사람에게 관심 없는 내용이기 때문일 것입니다.

예를 들어, 남자는 예쁜 여자가 예쁜 옷을 입고 춤을 추는 영상에 더욱 관심이 갈 것이고, 여자는 몸 좋은 남자가 상의 탈의하고 있으면 한 번은 더 시선을 멈추고 보게 될 것입니다.

다시 말해서, 시청자가 관심을 가질 수 있도록 호기심을 주어야 한다는 겁니다.

엄마와 아들이 함께 등장해서 궁금증을 유발합니다.

어, 엄마랑 아들이 뭐를 할려나?

어, 할머니가 나와서 말하네.

"일. 이. 삼. 사. 오. 육. 칠. 팔을 네 글자로 하면?

"영구 없다~"

이런 바보스러운 연기가 조회수가 100만 회가 넘기기도 했습니다.

이 영상이 터진 이유는 무엇일까요?

앞에 사족이나 서론 없이 바로 "일. 이. 삼. 사. 오. 육.." 이런 숫자를

말하고 연기를 했기 때문에 사람들은 뭐지? 궁금해하면서 더 보았을 것

이에요.

쇼츠 영상 분석 탭에 들어가면

분석 -〉 참여도 - 〉 시청자참여도

이곳을 보면 '계속 시청함'과 '이탈함'이라는 차트를 볼 수 있습니다.

계속 시청함이 70% 정도 되어야 떡상의 조건이라고할수 있습니다.

내 채널을 버려라

나는 항상 이렇게 말하곤 합니다.

"내 채널을 버려라!"

당황스러우셨나요? 이건 무슨 말일까요?

어렵게 천 명을 모은 내 채널을 버리라고?

이렇게 속으로 생각하며 갑자기 저를 원망하셨나요?

수강생들이 자주 저에게 하는 질문이 있습니다.

"저는 미용 관련 유튜브 채널을 만들었고, 지금까지 6천 명이 구독했어요. 그런데 여행 유튜버로 전향하고 싶거든요. 그럼, 기존 채널에서 여행 영상을 업로드하면 될까요?"

그러면 저는 말합니다.

"기존 채널은 버리고, 새 채널을 만드세요."

6천 명의 구독자를 모으는 일이 얼마나 힘든 것인지 잘 알고 있습니다. 하지만 과감한 선택이 필요합니다. 10년 전 유튜브 초창기 때는 구독 버튼을 누르던 것이 당연했던 시절이라 구독자 모으는 것이 쉬웠지만, 요즘에는 조회수는 잘 나와도 구독자는 정말 모으기 힘들죠.

그렇게 잘 알면서 왜 채널을 새로 만들라고 하느냐고요?

그것은 바로 기존 채널을 죽이지 않기 위함입니다. 미용을 좋아해서 구독하신 분들이 어느 날 갑자기 여행 영상 섬네일을 보게 된다면, 크게 관심이 없는 분야이기 때문에 클릭하지 않을 확률이 높고, 클릭한다고 하더라도 오랜 시간 시청하지 않기 때문에 평균 시청 시간이 떨어지게 될 가능성이 높아집니다.

시간이 좀 오래 걸리더라도 여행을 좋아하는 구독자를 위한 새 채널을 만드는 것이 훨씬 유리합니다.

채널을 만들 때
목적성을 가지고 만들어라

저는 처음에 유튜브 채널을 만들 때 솔직히 큰 주제와 상관없이 이것저것 영상을 업로드 하였습니다. 빠르게 결론을 말씀드리겠습니다. 유튜브 할 때 목적을 정하세요.

내가 내 물건을 팔 것인지, 나를 알리고 싶은 것인지, 아니면 단순히 내가게를 홍보 하고 싶은것인지.

나는 조회수로만 수익을 보면서 여행이나 먹방을 단순히 할것인지, 그냥 단순히 여행을 다녀야지가 아니고 여행유튜버가 되어서 여행 협찬을 받을것인지, 내가 옷을 팔고싶어서 라이브를 할것인지 좀더 구체적인 목적성을 가지고 유튜브 채널을 개설한다면 구독자와 상관없이 좋은결과가 있을 것입니다!

예를 들어, 내가 낚시 유튜버라고 해보죠. 낚시를 사랑하는 진정성 있는 구독자들을 천명 이천명 모은다면 충성심 있는 구독자가 되어 내가 나중에 낚싯대를 판매하는 일이 생겨도 잘 팔릴 것입니다.

하지만 이 주제, 저 주제 산만하게 운영하는 유튜버가 된다면 어떨까요. 낚싯대를 판매한다면, 아마도 사람들의 관심을 얻지 못할 것입니다.

목적성, 전문성이 있으면 더더욱 좋습니다!

여러분들 채널의 좋은 결과가 있을것입니다.

유튜브 딱 2가지다

마지막으로 정리해서 강조합니다.

앞서 설명한 내용과도 겹칠 수 있지만, 그만큼 중요한 내용입니다.

유튜브.

딱 두 가지면 됩니다.

재미있거나, 정보성 있거나.

여러분도 유튜브를 보며 정말 재미 없는 영상 많이 보셨을 거예요.

왜 그 영상을 보지 않는지 곰곰이 생각해 보면 됩니다.

마무리 : 정리해봅시다.

주제는 일관성 있게! 이것저것 하면 망합니다.

사람들이 오래 보는 영상(지속 시청 시간 30% 이상)을 만들어야 합니다.

섬네일이 중요합니다. 하지만 과한 어그로는 독이 됩니다.

태그는 3~8개 정도만 넣으면 됩니다.

채널명은 짧고 강렬하게! 사람들이 부르기 쉬워야 합니다.

이 원칙만 지켜도 유튜브 알고리즘이 선택하는 채널이 될 수 있습니다.

그러니까 "이것저것 해보다가 나한테 맞는 거 찾을래요~" 이런 생각은 이제 버리세요.

처음부터 내가 할 주제를 정하고, 그걸 끝까지 밀고 가야 합니다.

또한 채널을 만들 때 목적성을 가지고 만들어라.

그게 유튜브에서 성공하는 방법입니다.

유튜브 강의 요청 메일

donghoman2@gmail.com

이남형할머니의 건강 비결이 궁금하세요?

어머니에게는 주치의가 있답니다.

유튜브를 시작한지 얼마 되지 않아서 알아보는 사람도 없던 시절,

어머니가 환자로 방문한 병원도 이제 막 개원해서 손님이 하나도 없었고,

그래서 어머니는 의사 선생님과 한시간씩 수다를 떨다 오곤 하셨습니다.

어머니가 백만 유튜버가 되시는 동안 그 병원도

예약하지 않으면 진료를 보지 못할 정도로 유명한 병원이 되었고

기꺼이 어머니의 주치의가 되어 아직까지도

어머니의 건강을 지켜주고 계십니다.

책을 펴내며, 주치의 선생님께 꼭 감사 인사를 전하고 싶었습니다.

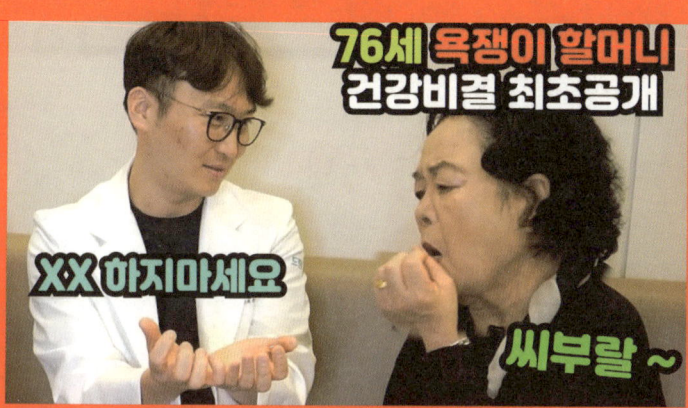

초판 발행 2025년 9월 15일
   2쇄   2025년 11월 10일

나는 유튜버 이남형할머니
아들 안정필입니다

지은이 | 이남형, 안정필
펴낸이 | 김새봄
펴낸곳 | 여름의 문
등록 | 2009년 2월 5일 제553-2009-00002호
주소 | 경기도 화성시 봉담읍 와우안길 109
           화성유통밸리 109동 211호
편집 | 070-4641-8402
영업 | 031-294-8402   팩스 | 031-294-8401
이메일 | sbvision2010@naver.com
인쇄 | 새봄인쇄사
본문 편집 디자인 | 디자인에스비

ISBN 979-11-89218-13-3   03810